Bea geht

Ein Abschied auf Raten

Danksagung

Zu aller erst gilt mein Dank meiner geliebten Ehefrau Tanja, die nicht nur einige Textstellen beigesteuert, sondern auch mit ihren Erinnerungen und ausführlichem Korrekturlesen erheblich dazu beigetragen hat, dass dieses Buch seine heutige Form annehmen konnte.

Unser gemeinsamer Dank gilt auch den Betalesern, die durch ihre Kommentare und viele Hinweise auf fehlende Kommas und Ähnliches ebenfalls maßgeblich Einfluss genommen haben, natürlich ebenfalls den Personen, die mich erst dazu überredet haben, Beas Geschichte in ein Buch zu fassen (in alphabetischer Reihenfolge):

Christine Neumann

Justine Wynne Gacy

Sarah Gottwald

Sylvia Schreiber

Tanja Pöschl

Sebastian Willing

Bea geht

Ein Abschied auf Raten

Die Deutsche Nationalbibliothek verzeichnet diese Publikation in der Deutschen Nationalbibliografie; detaillierte bibliografische Daten sind im Internet über http://dnb.dnb.de abrufbar.

Sebastian Willing,
Bea geht – ein Abschied auf Raten

Herstellung und Verlag: BoD – Books on Demand, Norderstedt

ISBN 978-3-73-224139-2

Prolog

Der Himmel ist blau, die Sonne scheint, aber trotzdem ist es kalt, wie immer zu dieser Jahreszeit. Bea sitzt in der Maschine, schaut aus dem Fenster, sie ist ruhig, schaut uns interessiert zu und wartet – und das allein ist ungewöhnlich.

Bea wartet normalerweise nicht oder zumindest nicht ohne Protest, aber hier ist es anders, denn vor jedem Flug müssen die Checklisten abgearbeitet werden, das verlangen der Gesetzgeber und der eigene Überlebensinstinkt. Selbst Bea kann das nicht ändern, aber es war schon immer so und deswegen gehört das Warten und Zuschauen zu Beas Routine. Ihre pinke Mütze leuchtet in der Sonne, als wir unsere Checks abschließen und zu Bea und ihrer Schwester ins Flugzeug steigen. Weitere Checklisten warten, bevor der Tower uns die Startfreigabe erteilt und wir in den wolkenlosen Himmel aufsteigen.

Dort oben ist es ruhig und friedlich. Bea mag das Fliegen und schaut die ganze Zeit aus dem Fenster, sie wird zu einem ganz normalen Kind, trägt selbst ihr Headset, ohne sich zu beschweren und vor allem hat sie in der Luft keine Anfälle. Unter uns wird die Welt immer kleiner, alle Probleme und Sorgen bleiben tatsächlich dort unten, hier oben wartet nur die schier endlose Freiheit – auch für Bea.

Unsere Geschichte

Vor langer Zeit, aber nicht in einer weit entfernten Galaxie, sondern irgendwo in Deutschland fanden sich Zwei, die eigentlich gar nicht damit gerechnet hatten, einfach so, mehr durch Zufall als durch Absicht der einen oder anderen Seite.

Sie, Anfang der 20er, fast fertig mit der Ausbildung im Labor, muss nebenbei jobben, um das karge Ausbildungs-Bafög aufzubessern.

Er, knapp 20, noch in der Schule und Computer-Freak.

Beide wohnten noch bei ihren Eltern. Beide hatten eigentlich keine Zeit für eine Beziehung. Und trotzdem hat es beide voll erwischt.

Eine ganz normale Beziehung zweier junger Erwachsener, bis zu dem Moment, als ein positiver Schwangerschaftstest ihr ganzes Leben auf den Kopf stellte. Für beide war schnell klar, dass sie die Herausforderung gemeinsam annehmen wollten, trotz der unbekannten Zukunft, die sie erwartete. Eine Zukunft, die ihnen mehr abverlangen sollte, als sie sich jemals hätten vorstellen können.

Beas Geschichte

Nach 36 Stunden Wehen erblickte Beatrice Kai das Licht der
Welt. Alles schien ganz normal zu sein und keine der
Untersuchungen zeigte Auffälligkeiten.

Alleine Hinsetzen, Krabbeln, Laufen, das alles dauerte bei
Bea etwas länger, bewegte sich aber durchaus noch im
normalen Rahmen und auch der Kinderarzt sah keinen
Grund zur Sorge. Wir waren selbst noch zu jung, um
beurteilen zu können, was "normal" war und was nicht.

Eine Kleinigkeit fehlte ihr allerdings die ganze Zeit, denn sie
wollte und wollte nicht sprechen. Mit viel elterlicher Fantasie
ließ sich ein "Mama" oder "Papa" verstehen und "da" wurde
zum Universalwort für alles erhoben. Egal, ob Bea etwas
haben oder zeigen wollte, "da" passte immer.

Das erste Krankenhaus

Am 30.12., wenige Monate vor Beas drittem Geburtstag,
endete ein Spaziergang mit Mama und Papa vollkommen
unerwartet: Bea sackte auf einmal zu Boden und
verkrampfte, alle Muskeln waren angespannt und sie
reagierte nicht mehr – ganz plötzlich und ohne jede
Vorwarnung.

Die Reaktionen von Mama und Papa bedürfen keiner Erklärung und so sah Bea das Krankenhaus wieder von innen, in dem sie auch das Licht der Welt erblickt hatte – zum ersten, aber leider nicht letzten Mal als Notfallpatientin.

Bei der Ankunft im Krankenhaus war der Spuk eigentlich schon vorüber: Die Muskeln hatten sich gelockert und Bea wollte nur noch schlafen. Mamas und Papas anfängliche Angst und der erste große Schreck verflogen langsam. Es wurde vermutet, dass es sich um einen, bei kleinen Kindern durchaus mal vorkommenden, Fieberkrampf handelte, doch wir hatten in den vergangenen Tagen kein Fieber bemerkt. Zur weiteren Abklärung ging es mit Blaulicht in die nächste Stadt und die dortige Kinderklinik.

Bea war schnell wieder fit und machte die Kinderklinik unsicher, auf sich warten ließ allerdings die Diagnose. So etwas wie Angst verspürten wir zu der Zeit eigentlich nicht mehr, schließlich schien es Bea wieder gut zu gehen und die medizinisch vorgebildete Mama hielt einen Fieberkrampf für durchaus möglich. Natürlich gab es auch andere mögliche Diagnosen, welche uns schon unsicher werden ließen, doch wir wollten nicht gleich den Teufel an die Wand malen.

Es stellte sich heraus, dass vor dem Jahreswechsel keine weiteren Untersuchungen zu erwarten waren, auch an ein

EEG war nicht zu denken und das, obwohl es eigentlich nur während oder direkt nach dem Vorfall aussagekräftig gewesen wäre.

Einen Tag später, ohne irgendwelche Anzeichen weiterer Probleme, verließ Bea das Krankenhaus wieder – auf eigenen (unseren) Wunsch – denn sie war wieder fit und schon damals im Krankenhaus kaum zu bändigen, was sich nicht zuletzt darauf zurückführen ließ, dass die Station überfüllt war und sich deshalb fünf Kinder ein Vier-Bett Zimmer teilen mussten. Eines von ihnen hatte den ganzen Tag über die gesamte Familie mit Eltern und Geschwistern um sich, was auch nicht gerade zur Beruhigung der anderen Kinder beitrug, es war eher "Rund-um-die-Uhr"-Stress für alle Beteiligten.

Die Ärzte hielten unsere Entscheidung für verantwortungslos, doch wir waren auf Grund der Umstände einfach nur mit den Nerven am Ende und hielten es für die beste Lösung. Noch unschöner war aber die Tatsache, dass uns durch drei verschiedene Ärzte vier mögliche bis sichere Diagnosen mitgeteilt wurden, ohne dass auch nur einer seine Vermutungen durch Untersuchungsergebnisse hätte untermauern können.
Anhand einer körperlichen Untersuchung, wie sie bei einer Aufnahme in die Klinik üblich ist, sowie einer allgemeinen

Blutuntersuchung schwankten die Diagnosen zwischen einem Fieberkrampf, über eine mögliche Stoffwechselerkrankung, bis hin zur sicheren Epilepsie. Wenigstens hatte keiner Prostatakrebs vorgeschlagen.

Es sei schon einmal vorweggenommen, dass eine der zur Auswahl stehenden Diagnosen sich einige Monate später ansatzweise bewahrheiten sollte, doch wir verlassen uns nur ungern auf Diagnosen, die eher geraten als sicher diagnostiziert wurden. Bea sollte dieses Krankenhaus jedenfalls nie wieder sehen. Selbst wenn wir genug Eltern kennengelernt haben, die auf diese Klinik schwören und dort nur positive Erfahrungen gemacht haben – unser Vertrauen in diese Klinik war für immer dahin.

Zu Hause wartete bereits medizinisches Personal, denn Mama und Oma arbeiteten im medizinischen Bereich – ein kleines bisschen zusätzliche Sicherheit, die aber glücklicherweise nicht gebraucht wurde. Jahre später fiel uns beim erneuten Lesen des Arztbriefes von damals plötzlich ein EEG-Befund in die Hände – obwohl definitiv dort nie eines gemacht wurde, allerdings bestätigte uns dieser Fund die Qualität der medizinischen Versorgung an diesen zwei Tagen. Wie, um alles in der Welt, können solche Dinge geschehen? Hat beim verfassen des Berichts einfach jemand vergessen, einen ausgewählten Textbaustein auf die

Patientin anzupassen, oder war es vielleicht schlampige Dokumentation? Aufgrund der Tatsache, dass besagter falscher Bericht eigentlich keine wirklich negativen Folgen – abgesehen von der Bestätigung unseres Misstrauens – hatte, sind wir der Sache nicht weiter nachgegangen und haben künftige Ärzte einfach auf den Fehler hingewiesen.

Der Kindergarten

Die nächsten Monate verliefen ruhig, Bea wuchs, zeigte aber immer mehr ihre Besonderheiten, denn sprechen wollte sie weiterhin nicht, ebenso blieben Windeln ihr ständiger Begleiter.

Bereits vor dem Kindergartenstart zeigte sich, dass ein normaler Kindergarten für sie nicht in Frage kommen würde und so begann ihr erster Schritt in die Selbstständigkeit in einem Heilpädagogischen Kindergarten. Zwei Erzieher in jeder Gruppe betreuten sechs bis acht Kinder, bei denen alle möglichen vorstellbaren Behinderungen vertreten waren, von einfach nur leicht auffälligen bis zu fast bewegungsunfähigen Kindern war alles dabei. Bea war nicht der schlimmste Fall, aber vielleicht der anstrengenste, denn bei Ihr kamen Kraft und Mobilität einer normalen Dreijährigen mit den Kommunikationsproblemen, der fehlenden Sprache und einer schon leicht spürbaren geistigen Entwicklungsverzögerung zusammen.

Keine Woche war vergangen, als der Schockanruf aus dem Kindergarten kam: Bea war mit dem Krankenwagen unterwegs ins Krankenhaus. Ein Anfall, vollkommen anders als der erste, lange zurückliegende, hatte sie erwischt. Ziemlich nervös und verunsichert fuhren wir in die Klinik. Im Krankenhaus, wieder eine Kinderklinik, wieder in der gleichen Stadt, aber dieses Mal war es das Kinderkrankenhaus der Uniklinik, fanden wir ein schlafendes Kind vor – und ziemlich ratlose Ärzte.

Die folgenden Tage waren die wohl schwersten in Beas und auch unserem Leben: Sie wachte auf, spielte ein wenig und spätestens nach einer halben Stunde kam der nächste Anfall: Alle Muskeln entspannten sich, sie fiel einfach nur in sich zusammen, die Atmung setzte teilweise aus und für die nächsten Minuten war sie in dem Anfall gefangen, ohne Chance auszubrechen. Sein Kind in diesem Zustand zu sehen, ist wie ein Messer, das in das Elternherz gestochen wird. Keine Ursache zu kennen und ihm nicht helfen zu können, macht die ganze Sache noch schlimmer.

Sobald der Anfall zu Ende war, fiel Bea in einen regelrechten Erschöpfungsschlaf, stundenlang, bis sie irgendwann aufwachte, etwas trinken und essen, ein wenig spielen konnte – bis der nächste Anfall die Kontrolle übernahm. An einen geregelten Tagesablauf war nicht mehr zu denken, sie war wach, wenn sie sich ausgeschlafen hatte, aber selten für lange Zeit, mal mitten in der Nacht, mal tagsüber.

Das schlimmste für Mama und Papa war wohl, dass sie nicht wussten, womit sie es zu tun hatten. Mit einer gesicherten Diagnose weiß man zumindest, gegen welchen Feind man ankämpft und bekommt zumindest eine Ahnung davon, wie auch immer der Kampf aussehen und ausgehen könnte – doch wir hatten eigentlich nichts, auf das wir uns sicher einstellen konnten. Quälende Ungewissheit scheint in solchen Momenten manchmal schlimmer als eine noch so schlechte Nachricht.

Im Krankenhaus traf Bea zum ersten Mal ihren Neurologen, der zwar auch keine abschließende Diagnose stellen konnte, aber zumindest ein Mittelchen fand, um die Anfälle – in Beas Fall auch Absencen genannt – unter Kontrolle zu bekommen. So verließ sie das Krankenhaus als medizinisches Mysterium und hinterließ die erste, aber auf keinen Fall letzte, saftige Rechnung für ihre Krankenkasse.

Bekannt war eigentlich nur, dass alles unbekannt ist: Der Name ihrer Krankheit, die Ursache und die Heilungschancen. Sicher schien einzig zu sein, dass der Start in den Kindergarten der letzte Auslöser gewesen sein musste – was aber kein Grund war, nicht weiter dort hinzugehen.

Die nächsten Jahre

Nach dem Kindergarten-Schock verliefen die nächsten Jahre recht einheitlich: Lange Monate der Ruhe wechselten mit kurzen geplanten und ungeplanten Krankenhausaufenthalten, Bea wuchs weiter, aber sie wollte weiterhin nicht sprechen und auch die Differenz zwischen körperlichem und geistigem Entwicklungsstand wurde immer größer.

Mit jedem Monat und jedem Jahr schwand auch unsere Hoffnung auf eine abschließende Diagnose, eine Besserung oder sogar Heilung, sie schwand langsam, aber unaufhaltsam und wurde nach und nach durch die Akzeptanz des Status Quo ersetzt – solange die Medikamente, die bei Bea grundsätzlich an der gerade noch vertretbaren Obergrenze dosiert werden mussten – ihre Anfälle unter Kontrolle hielten, waren wir zufrieden, denn mehr konnten wir nicht mehr erwarten.

Unter Kontrolle halten bedeutet, dass ihre Anfälle so schwach ausgeprägt auftraten, dass Bea kaum wirklich das Bewusstsein verlor, meist sogar das Gleichgewicht behielt und danach nicht mehr in den anfänglich jedes Mal folgenden Erschöpfungsschlaf fiel. Zwischenzeitlich war sie sogar ein paar Mal für jeweils einige Monate anfallsfrei, immer gerade lang genug, um die ernsthafte Hoffnung auf eine dauerhafte Besserung aufkeimen zu lassen, die dann von der nächsten Anfallsserie jäh unterbrochen wurde.

Therapien

Bea hat (fast) alle möglichen Therapien gemacht und dabei einige Logopäden verschlissen, die schließlich aufgaben und keinen Ansatzpunkt mehr sahen. Bereits vor dem Kindergarten hatten wir privat bei einer Bekannten eine Ergotherapie gemacht, um das Laufenlernen zu fördern. Selbst mit ca. zwei Jahren war Bea kaum in der Lage, sich ohne Gelegenheit zum Festhalten aufrecht zu halten, oder sie hatte Angst davor, denn kaum, dass ihr bewusst wurde, dass sie ohne Festhaltegelegenheit stand oder lief, lies sie sich einfach fallen.

Eine so genannte BERA-Untersuchung des Gehörs ergab, dass ihr Hörvermögen auf beiden Seiten unterschiedlich war, obwohl wir nie das Gefühl hatten, sie würde schlecht hören. Vermutlich hätte sie diese Differenz ohne ihre Entwicklungsverzögerung recht problemlos selbst kompensiert. Einige Jahre trug sie Hörgeräte, bis sie diese irgendwann selbst ablegte – und auch nicht mehr brauchte. Zum Hörvermögen hatten sie – unserer Meinung nach –

nicht viel beigetragen, aber ihren Gleichgewichtssinn sichtbar unterstützt.

Eine Therapie hat ihr später tatsächlich noch ein wenig geholfen. Ohne uns ernsthafte Chancen auszurechnen, hatten wir sie bei einer wissenschaftlich begleiteten Delfintherapie im Nürnberger Zoo angemeldet – viel mehr beworben – denn jedes Jahr standen nur wenige Plätze zur Verfügung.

Die rein kommerziellen, sogenannten Therapien setzen eher auf mystische Kräfte der Tiere, wenn die Therapiekinder in der gleichen Meeresbucht schwimmen, in der möglicherweise Delfine auftauchen. Diese kamen für uns von Anfang an nicht in Frage, für das gleiche Geld hätten wir auch Weihwasser oder Mondsteine kaufen können – mit den gleichen Erfolgsaussichten.

Ein paar Jahre nach der Bewerbung kam vollkommen überraschend die Zusage. Hatten wir bei der Bewerbung noch ernsthafte Hoffnung auf einen wirklichen Therapieerfolg, hatten die letzten Jahre uns realistischer werden lassen. Die Therapie würde Bea auf jeden Fall nicht schaden und solange es eine Chance auf Besserung gab, würden wir es versuchen – große Erwartungen hatten wir allerdings nicht mehr, zu oft hatten wir vergeblich gehofft. So machten wir uns auf nach Nürnberg und hatten effektiv zwei Wochen Urlaub mit insgesamt zehn Therapiesitzungen.

In dieser Zeit machte Bea Fortschritte – keine, die man objektiv aufzählen könnte, aber für uns waren sie spürbar. Bea wurde ruhiger, das Essen wurde unproblematischer und sie machte insgesamt kleine Fortschritte, auch die Therapie mit den sehr lieben und zutraulichen Delfinen machte ihr Spaß. Die Therapien in Nürnberg gibt es noch immer, sie wurden – als dieses Buch entstand – unter der Leitung von Dr. Erwin Breitenbach bei der Uni Würzburg durchgeführt.

Im Rückblick war die Therapie ein richtiger Versuch, aber vermutlich nicht für die Erfolge verantwortlich. Eine magische Besserung hatten wir auch nicht erwartet. Leider verschwanden die erzielten Fortschritte schon bald nach unserer Rückkehr in den wieder einziehenden Alltag. Vermutlich lagen die vorübergehenden Veränderungen bei Bea eher an der Urlaubssituation als an der Therapie.

Unabhängig davon, was die Veränderungen bei Bea hervorgerufen hat, haben wir die Zeit einfach genossen und andere Familien mit behinderten Kindern kennengelernt. Dabei haben wir gemerkt, wie unterschiedlich ein behindertes Kind das Leben der Familie beeinflussten kann und sicher hängt der Grad der Beeinträchtigung auch von der Art und Schwere der Behinderung ab.

Während wir von Anfang an versucht haben, Bea – im Rahmen ihrer Möglichkeiten – weitestgehend normal zu behandeln und ein möglichst normales Leben zu führen, haben wir dort auch durchaus das absolute Gegenteil erlebt. Manche Familien hatten ihr ganzes Leben und alles drum herum komplett an der Behinderung des Kindes ausgerichtet, wobei gesunde Geschwister sogar manchmal auf der Strecke zu bleiben drohten. Es gab sogar Familien, in denen beide Elternteile ihren Beruf aufgegeben hatten, um rund um die Uhr nur für das behinderte Kind da zu sein. In nicht wenigen Fällen konnten wir uns auch des Eindrucks nicht erwehren, dass das Kind vielleicht sogar von den ganzen gut gemeinten Bemühungen und Terminen überlastet wurde.

Zumindest bei einer deutlich verminderten Lebenserwartung des Kindes ist das durchaus verständlich, auch wir brauch(t)en deutlich mehr Zeit, um uns um Bea zu kümmern, doch sonst kann man sich sicher darüber streiten, ob es sinnvoll und gesund ist, die Krankheit des Kindes zum wirklich einzigen Lebensinhalt zu machen. Gerade mit einem behinderten Kind sind Arbeit, Hobby oder andere Dinge auch eine willkommene und notwendige Abwechslung und zugleich Quelle neuer Kraft.

Leben mit... ja was denn?

Bea wurde zu unserem Lebensmittelpunkt, weit über das normale Maß hinaus. Um so älter sie körperlich wurde, um so stärker machten sich die Unterschiede zu "normalen" Kindern bemerkbar, denn sie benötigte eine permanente Betreuung.

"Normale" Kinder fangen mit ein paar Jahren an, alleine zu spielen, besuchen Freunde oder treiben Babysitter zur Verzweiflung. Bea war immer entweder im Kindergarten, in der Schule oder zu Hause. Nur sehr selten haben wir es gewagt, sie bei den Großeltern zu lassen, die stetige Angst vor Anfällen und die notwendige Pflege machten es nicht einfacher, Bea irgendjemandem zur Betreuung zu übergeben. Nur ein Mal, für knapp zwei Jahre, fanden wir einen Babysitter, der mit ihr zurechtkam (und umgekehrt) und dem wir auch die untypischen Aufgaben wie Windelwechsel und Medikamentengabe anvertrauen konnten.

Im Laufe der Jahre wechselten die Medikamente des öfteren, aber die Ungewissheit blieb. Ihr Neurologe hörte nicht auf zu suchen und so konnten wir alle paar Jahre mehr und mehr, zum Teil gerade erst ganz neu entdeckte, Krankheiten ausschließen.

Immer, wenn eine mögliche Krankheit in Frage kam, deren Bestätigung therapiebedeutend gewesen wäre, also Auswirkungen auf die Medikamente oder eine tatsächliche Heilungschance hätte bieten können, ließen wir sie testen – irgendwann haben wir allerdings aufgegeben, alles auszuprobieren, was dem "was Bea hat" nur einen Namen gegeben hätte.

Die meisten in Frage kommenden Möglichkeiten erforderten nur einfache Blutuntersuchungen, manchmal auch von uns, wenn es um genetische Erkrankungen ging. Zweimal hatte Bea aber auch das Vergnügen eines MRT, einer Magnetresonanztomographie. Diese ist zwar nicht invasiv, sie muss also nicht aufgeschnitten werden, allerdings darf sich der Patient während der Untersuchung nicht bewegen.

Kaum ein Kind liegt freiwillig still, noch weniger in einer engen Röhre und erst recht nicht, wenn man ihr weder vermitteln kann, dass sie still liegen muss, noch warum das so wichtig ist. Also bekam Bea für die Untersuchungen eine Narkose. Bei wirklich invasiven, also potentiell gefährlichen, Untersuchungsmethoden hätten wir genau Risiko und

Nutzen abgewogen, wurden aber zum Glück nie vor die Wahl gestellt.

Bei allen Krankheiten, die im Laufe der Zeit in Frage kamen, war Bea immer konsequent: Die Hälfte der Symptome passte perfekt, die andere Hälfte widersprach ganz klar Beas Krankheitsbild.

Am Anfang war die Ungewissheit am schlimmsten: Nicht zu wissen, was das eigene Kind hat, kann eine große Belastung sein. Hat man sich erst einmal damit abgefunden, kommt die nächste große Last in Form der ungewissen Zukunft. Der des Kindes und – wenn man bis vor kurzem noch selbst fast ein Kind war – auch der eigenen, wobei letztere fast immer in den Hintergrund treten musste.

Bea wurde Stammgast in "ihrer" Kinderklinik, in den ersten Jahren öfter, später glücklicherweise seltener. Anfangs gab es alle paar Monate das gleiche Spiel: Ein schwererer Anfall schmuggelte sich an den Medikamenten vorbei und Bea klappte zusammen.

Einer dieser Vorfälle ist uns heute noch besser in Erinnerung, als uns lieb ist, denn es war einer ihrer ersten zu Hause: Beim Wickeln klappten plötzlich ihre Augen nach oben – ein typisches Anzeichen – und alle Muskeln entspannten sich. Echte Krampfanfälle hatte sie nie, sie entspannte sich einfach nur total, nur die Augen schauten nach oben oder zur Seite und zuckten leicht.

So auch bei besagtem Anfall, nur dass in diesem Fall die Entspannung auch ihre Lunge erreichte. Als unser Kind dort lag und langsam blau anlief, machte sich eine gewisse Panik breit und auch Mama schien in diesem Moment wie paralysiert, trotz medizinischer Ausbildung.

So ein Atemstillstand bei dem eigenen Kind ist eben doch etwas ganz anderes, als wenn in der Praxis ein Patient plötzlich zum Notfall wird. Papas Kommando "Beatmen, das Kind braucht Sauerstoff!" riss sie glücklicherweise aus ihrer Erstarrung und nachdem Bea wieder einigermaßen atmete, reagierten wir beide mehr instinktiv als absichtlich: Bea auf den Arm, ab ins Auto, einer fährt, der andere ruft das Krankenhaus an und kündigt uns an, damit bei der Ankunft sofort richtig reagiert werden kann. Aufgrund der geringen Entfernung zum nächsten Krankenhaus war das womöglich sogar geringfügig schneller, als auf einen Krankenwagen zu warten.

So standen an der Notaufnahme schon Arzt, Liege und vor allem Sauerstoff bereit, als wir nach wenigen Minuten dort ankamen. Kurz darauf war auch der Anfall komplett vorbei und Bea im Erschöpfungsschlaf. Trotzdem ging es mit Krankenwagen und Blaulicht weiter in die Kinderklinik.

Immer, wenn wir als Notfall dort eingeliefert wurden, waren die nächsten Tage unauffällig. Im Gegenteil, sobald Bea ausgeschlafen hatte, nervte sie das Krankenhaus nur noch und wir verbrachten unendliche Stunden mit dem Versuch, sie dort irgendwie zu beschäftigen.

Ihre Situation war nicht schlimm genug, um eine Sauerstoffflasche oder ein Pulsoximeter (das den Sauerstoffgehalt des Blutes misst und auch im Schlaf überwacht) zu Hause haben zu müssen, auch nicht unsere Sorgen, dass wir Nachts möglicherweise einen Anfall nicht bemerken und Bea am nächsten Morgen vielleicht nicht mehr helfen könnten – und ohne Rezept waren diese Geräte zum damaligen Zeitpunkt auch nahezu unbezahlbar. So schliefen wir nicht selten in mit der Ungewissheit ein, ob unser Kind am nächsten Morgen noch leben würde.

Nach dem Vorfall wollten wir trotzdem das Risiko minimieren und haben einfach eine Flasche mit "therapeutischem Sauerstoff" aus der Apotheke gekauft. Diese war bezahlbar, enthielt ebenfalls reinen Sauerstoff, der aber eigentlich nur für die nicht-medizinische Selbstanwendung zugelassen war. Doch wir wollten im Rahmen unserer Möglichkeiten für den

Notfall vorsorgen und den Sauerstoffmolekülen war es bestimmt egal, ob sie medizinisch zertifiziert waren oder nicht – die Flasche musste auch nur reichen, bis der Krankenwagen oder Notarzt kam.

Die Grundregel des Neurologen lautete: Wenn ein Anfall lange genug dauert, um das Notfallmedikament aus dem Kühlschrank zu holen und anzuwenden, dann war es auch notwendig. Das hört sich zwar auf den ersten Blick etwas komisch an – war aber jahrelang ein guter Leitfaden.

Diazepam ist im Endeffekt nur ein sehr starkes Beruhigungsmittel: Beas Anfälle waren "Fehlzündungen" im Gehirn und dieses wurde durch das Medikament mehr oder weniger einfach abgeschaltet, sie schlief fast sofort ein und wachte erst nach Stunden wieder auf – dann meist im Krankenhaus.

In der Zeit zwischen Aufwachen und endgültigem Nachlassen der Wirkung des Diazepams wollte Bea rumlaufen und bot – auch wenn es eigentlich gemein ist – ein komisches Bild. Anfangs reichte die Koordination noch nicht wieder aus, um alleine zu stehen oder einen Fuß vor den anderen zu setzen. Sobald wenigstens das klappte, torkelte sie wie volltrunken durch die Gegend – immer mit

Mama oder Papa an ihrer Seite, um sie vor Unfällen und Zusammenstößen zu schützen.

So in etwa muss es sich für sie auch angefühlt haben: Wie ein Vollrausch, der sie binnen Sekunden mit voller Wucht traf, allerdings anscheinend ohne den Kater am nächsten Morgen.

Wir wurden ein eingespieltes Team und gingen immer "professioneller" mit diesen Anfällen um: Einer holte das Medikament, der andere legte Bea flach hin und bereitete sie für den Einlauf vor.

Die nächsten Tage nach einem solch schweren Anfall war immer Ruhe, sei es weil noch Reste vom Diazepam im Blut waren oder sich erst wieder ein neuer Anfall aufbauen musste. Es dauerte nicht lange, bis in ihrer Krankenakte ein Hinweis aufgenommen wurde, dass sie ohne Übernachtung zur Beobachtung (bei der sie – frisch ausgeschlafen – immer die ganze Station aufgemischt hatte) direkt aus der Notaufnahme mit nach Hause kommen konnte, sofern wir keine Aufnahme wünschten.

Das wälzte nicht etwa die ärztliche Entscheidung auf uns ab, sondern passte die Standardvorgehensweise der Notaufnahme auf Beas Bedürfnisse an, denn eine absehbar anfallsfreie Bea muss nicht mit einem Krankenhausaufenthalt gequält werden.

Blackout

Was genau bei ihren Anfällen passiert, sie auslöst oder fördert, konnte nie wirklich ergründet werden. Ganz wenige Anfälle fielen mit einem der zahlreichen EEGs zusammen und bei diesen bestätigte die Aufzeichnung nur das, was wir ohnehin sahen.

Im Laufe der Zeit zeigten sich allerdings einige Folgen: Jeder Anfall führte zu einem kleinen Gedächtnisverlust, selbst wenn er nur wenige Sekunden gedauert hatte – Bea konnte nicht einfach dort weitermachen, wo sie unfreiwillig unterbrochen wurde. Ein kurzer Blick links und rechts reichten ihr zwar meist zur Orientierung, aber für uns war es offensichtlich, dass ihr die Zeit einfach verloren gegangen war.

Wie kann man mit einer immer wieder unterbrochenen Erinnerung leben, wenn vom heutigen Tag am Abend dreißig oder mehr Stückchen einfach fehlen? Der Mensch gewöhnt sich an fast alles und so hat sich Bea einfach daran gewöhnt, bestimmt war ihr geistiges Alter dabei auch hilfreich.

Nach jedem Anfall fehlte auch ein Stück von ihr selbst. Sachen, die sie vorher mühevoll gelernt hatte, waren nach einem Anfall plötzlich wieder weg, meist nur Kleinigkeiten, aber doch unübersehbar.

Wenn ein Kind in seiner wichtigsten Lernphase um jede kleine Errungenschaft neu kämpfen muss, jedes kleine Bisschen immer wieder neu lernen muss, immer in der Hoffnung, dass es beim nächsten Anfall verschont bleibt und danach noch vorhanden ist, wie soll es sich dabei normal entwickeln?

Um so älter Bea wurde, um so deutlicher zeigten sich ihre Entwicklungsdefizite, um so größer wurde der Unterschied zu "normalen" Kindern und dennoch machte sie immer wieder kleine Fortschritte, lernte neue Dinge, die dann auch blieben und entwickelte sich weiter.

Gipfelstürmer

Irgendwann, etwa zwischen ihrem zehnten und zwölften Lebensjahr, hörten die Fortschritte auf, erst unmerklich, aber irgendwann wurde uns bewusst, dass Beas Entwicklung stagnierte.

Körperlich wuchs sie weiter, wenn auch hier nicht altersgemäß, aber sie lernte anscheinend nichts Neues mehr. Von der Hoffnung auf Sprache und Windelfreiheit hatten wir uns zwar schon längst verabschiedet, aber Kleinigkeiten gab es trotzdem immer wieder: Bilder, die gezielte Linien an Stelle von unkontrolliertem Gekritzel zeigten, einen Ball fangen, ein paar Monate lang konnte sie sich sogar selbst ihre Schuhe anziehen. Dann kamen Herbst und Winter und mit ihnen geschlossene, schwieriger anzuziehende Schuhe – im nächsten Sommer schaffte sie dann auch keine Sommerschuhe mehr.

Lange haben wir uns gegen den Gedanken gewehrt und so lange wie es möglich war, die Anzeichen ignoriert, aber irgendwann kam die bittere Erkenntnis, dass sie Rückschritte machte. Ohne genaue Fertigkeiten nennen zu können, fühlten wir, dass unser Kind wieder Teile des kleinen Bisschens erreichter Selbstständigkeit verloren hatte.

Ihre Anfälle waren eher seltener geworden, die schweren Anfälle hatten sich auf höchstens einen pro Jahr reduziert, dafür gab es dutzende Kleine an jedem Tag.

Ihre erste Anfallsserie im Krankenhaus war mit Sicherheit das schlimmste Einzelereignis, aber jetzt waren wir machtlos gegenüber einem langsam, aber unaufhörlich fortschreitenden Rückgang.

Immerhin hatten wir durch Zufall ein Mittel gegen ihre kleinen Anfälle gefunden, das medizinisch nicht erklärbar war: Brachte man sie während eines solchen Anfalls aus dem Gleichgewicht, war sie sofort wieder da und der Anfall beendet. Das blieb lange Jahre unsere einzige Waffe im Kampf um ihre Gehirnzellen, von denen jedes Mal und in jeder Minute in diesem Zustand ein paar starben.

Pflege

Die eigenen Kinder nicht aus den Augen lassen zu können, scheint etwas Selbstverständliches zu sein, allerdings nicht, wenn man es auch über das Kleinkindalter hinaus wörtlich nehmen muss.

Bea konnte nicht alleine sein, ihr fehlte das Verständnis für Gefahren und spätestens beim nächsten Anfall brauchte sie Hilfe. Sie wäre einfach vor das nächste Auto gelaufen, weil sie sich der Gefahr nicht bewusst war.

Dreizehn Jahre lang Windeln wechseln – damit hatten wir bestimmt nicht gerechnet, als wir uns auf das ungewisse Abenteuer "Kind" eingelassen hatten, aber es zwangsweise akzeptiert. Natürlich haben wir immer wieder, auch in Kooperation mit Kindergarten und Schule, Versuche gestartet, sie von der Windel zu befreien, aber sie scheint entweder einfach nicht zu spüren, wenn sie "mal muss", oder sie kann mit dem, was sie spürt, nichts anfangen.

Morgens und Abends, zeitweise auch Mittags, brauchte Bea ihre Medikamente und zumindest dieser Teil stellte sich, nach anfänglichen Schwierigkeiten, als wesentlich unkomplizierter heraus, als wir befürchtet hatten. Das Krankenhaus hatte angefangen, die ersten Medis – kleine runde Kügelchen ähnlich einfarbigen Deko-Zuckerperlen zum Backen – in einem Löffel Pudding oder Joghurt zu verstecken und das Gleiche haben wir Zuhause übernommen – mit dem einzigen Effekt, dass Bea ziemlich schnell Joghurt boykottierte.
Seitdem bekam sie alles "pur" und problemlos. Die täglichen Medis gehörten fest in ihren Tagesablauf und wurden ohne Gegenwehr geschluckt, ja sogar von ihr eingefordert, wenn es nicht schnell genug ging.

Kleinigkeiten wurden dagegen zu echten Problemen: Wie soll man auf die Toilette gehen und gleichzeitig Bea nicht aus den Augen lassen, wenn kein anderer da ist, der einspringen kann? "Freie" Abende waren seltener Luxus und ließen sich an einer Hand abzählen, selten mehr als zwei oder drei pro Jahr.

Hilfe

Beas Kindergarten war spezialisiert auf Kinder mit besonderen Bedürfnissen, die Erzieher entsprechend ausgebildet und die Gruppen in passender Größe, um die Kinder nicht zu überfordern.

Der Kindergarten – und später die Schule – machten für uns ein Leben mit Bea und ihren Behinderungen erst möglich. Sie wurde dort betreut, beaufsichtigt und vor allem gefördert, damit hatten wir jeden (Werk-)Tag einige Stunden, in denen wir nicht immer mit einem Auge bei unserem Kind sein mussten.

Fast noch wichtiger wurde die Hilfe außerhalb der Dienstzeiten: Ein offenes Ohr, jemand der Bea so gut kannte wie wir, mit dem man sich austauschen konnte und manchmal einfach eine Schulter zum Ausweinen – die Elterngespräche liefen selten nach Plan und nie im Rahmen der vorgesehenen Zeit ab.

Kindergarten und Schule haben Bea auch die ganze Zeit über immer wieder gefördert und gefordert, auch wenn wir neben der täglichen Pflege nicht mehr die Kraft dazu hatten.

Erst im Kindergarten wurden wir auf die Idee gebracht, einen Behindertenausweis zu beantragen und die eine oder andere weitere Therapie zu versuchen. So komisch es klingt, aber erst in diesem Gespräch wurde uns bewusst (gemacht), dass unser Kind "behindert" ist. Bis dahin war es ein schleichender Prozess, ein immer größer werdender Abstand zum "normalen Bereich". So schleichend, dass uns die Schwere ihrer Defizite eigentlich gar nicht richtig bewusst war.

Rituale

Jeder Mensch sucht nach einem persönlichen, kleinen Stückchen Sicherheit. Das kann ein geliebter Partner, ein Job oder die finanzielle Reserve sein und wenn einem nichts davon wichtig ist, reicht manchmal schon das Wissen, was als nächstes passieren wird.

Rituale gaben Bea Halt, waren extrem wichtig für sie und durften unter keinen Umständen unterbrochen oder geändert werden. Ich bezweifle, dass irgend jemand – uns eingeschlossen – die Bedeutung erfassen kann, die bekannte Abläufe für sie hatten, aber wir können es zumindest versuchen.

Stell Dir einmal vor, Du wachst auf und hast einen Blackout: Du weißt nicht, wie Du hierher gekommen bist, was Du hier machst und wer die Leute um Dich herum sind. Ein Moment der absoluten Orientierungslosigkeit, dann erkennst Du die Personen, den Raum, siehst, was vor Dir auf dem Tisch liegt und was Du in den Händen hältst – und kannst daraus vielleicht erraten, was Du vor dem Blackout gemacht hast – oder auch nicht, denn die letzten Minuten vor dem Blackout sind vollkommen ausgelöscht, keine Chance, sich daran zu erinnern. Jetzt stell Dir einfach vor, diese Blackouts kommen regelmäßig, mit etwas Glück alle paar Stunden, meist aber alle paar Minuten oder zumindest ein paar Mal pro Stunde.

So in etwa dürfte Beas Welt aussehen, ständig plötzlich irgendwo aufzuwachen, ohne den Bezug zur jüngeren Vergangenheit.

> *Steht vor mir ein Teller mit Essen und halte ich in der Hand eine Gabel, dann bin ich wohl gerade beim Essen gewesen – oder war ich gerade fertig?*

> *Ich möchte etwas trinken, aber habe ich vielleicht gerade eben noch getrunken, bevor der Blackout kam?*

Wir können nur erahnen, wie es in ihrem Kopf aussieht und sie hat gelernt, sich nach einem Anfall blitzschnell binnen weniger Sekunden wieder zu orientieren, aber es ist eindeutig, dass ihr jedes Mal ein Stück Zeit und Erinnerung fehlt.

Hat ein Ritual einmal Einzug gehalten, ist es fast unmöglich, es wieder loszuwerden, so nervig es (für uns) auch ist oder einem Außenstehenden komisch vorkommen mag.

Eine Zeit lang gab es immer den gleichen Ablauf, wenn wir (abgesehen von der Schule) irgendwo hingehen wollten und uns fertig gemacht haben: Ganz gleich, ob Bea als erste oder als letzte Jacke und Schuhe angezogen bekommen hatte, sobald klar war, dass es gleich losgeht, begann sie mit einem Schrei- und Zickenanfall, wenn es ihr nicht schnell genug ging und das ohne eine Chance, sie zu beruhigen. Alles war spontan vorbei, sobald alle fertig angezogen waren und die Haustür aufging. Anscheinend gehörte diese Protestphase für sie dazu, denn nur dadurch durfte sie raus gehen – aus unserer Sicht erschien uns das als Unsinn, aber in ihrer Welt war es durchaus möglich und logisch.

Wir haben lange vergeblich versucht, ihr das abzugewöhnen und uns letztendlich ihren Gewohnheiten angepasst: Am besten wurde in ihrer Anwesenheit nicht laut ausgesprochen, dass es gleich raus geht. Alles wurde vorbereitet und griffbereit hingelegt, so dass alle möglichst gleichzeitig, oder wenigstens in möglichst kurzer Zeit, fertig waren – diese

Vorbereitungen beschränkte Beas Protestphase auf das unvermeidbare Minimum.

Ähnlich verhielt es sich mit dem Wickeln: Tagsüber durften Mama oder Papa nach Belieben Windeln wechseln, aber morgens musste es Mama und abends Papa sein, der diese Aufgabe übernahm. Eine Abweichung, ein Rollentausch? Unmöglich!

Wenn Mama oder Papa gerade nicht da (was selten vorkam) oder zu krank waren, um Bea zu wickeln (was glücklicherweise noch seltener vorkam), war das morgendliche Fertigmachen für die Schule oder das ins-Bett-bringen abends nur unter großem Protest möglich – und konnte schnell recht unschön für Mama oder Papa ausgehen, denn eine geistig anderthalbjährige mit der Kraft einer zehnjährigen kann mit einem Fußtritt schnell blaue Flecken auslösen – oder ziemliche Schmerzen, da sie bei Papa ein treffsicheres Talent für die schmerzempfindlichsten Regionen hatte.

Es war nur sehr schwer einzuschätzen, welche Verhaltensweisen zu Beas Ritualen zählten, und damit unabwendbar einzuhalten waren, und welche eigentlich nur von uns unterstützt und von Bea einfach toleriert oder mitgemacht wurden, ihr aber eigentlich vollkommen gleichgültig waren.

Einige Abläufe mussten auch nur stattfinden, bzw. beendet werden, wenn sie einmal begonnen wurden: Morgens früh wecken und anziehen implizierte für Bea automatisch, dass der Schulbus sie abholt, war das nicht der Fall (beispielsweise, weil wir am Wochenende einfach früh irgendwo hinfahren wollten oder sie einen Arzttermin vor der Schule hatte), quittierte sie dieses mit einem Wutanfall. Konnte sie länger schlafen, war eben ein Tag ohne Schule und alles war in Ordnung.

Andere Abweichungen warfen sie einfach aus der Bahn. So gab es eine Grippewelle, die ihr stark zusetzte, obwohl sie gar nicht infiziert wurde. Der Großteil ihrer Klasse und auch Mama lagen im Bett (jeder natürlich in seinem), zeitweise war sie das einzige Kind in der Klasse und hatte die einzige Lehrkraft für sich alleine, ganz einfach weil alle anderen krank waren (bei insgesamt sechs Kindern ist das gar nicht so schwer).

Zu Hause hatte es Mama schwer erwischt und sie verbrachte die meiste Zeit des Tages im Bett. Der Tagesablauf war weitgehend normal, aber in der Schule fehlten alle beim gemeinsamen Mittagessen und zu Hause waren Bea, ihre Schwester und Papa alleine beim Abendessen – mit dem Ergebnis, dass Bea in der Schule und zu Hause fast nichts mehr gegessen hatte. Kaum zu glauben, dass ein fast untergewichtiges Kind noch weiter abnehmen kann, aber es ist möglich. Bea brauchte damals – nachdem alle wieder gesund waren – fast drei Monate, um wieder in den Alltag und zu einer (für sie) normalen Nahrungsaufnahme zu finden.

Die Anderen

Im Laufe der Jahre haben wir viel von Bea erzählt und bestimmt auch den einen oder anderen mit unseren Problemen genervt. Die meisten Zuhörer wollten allerdings mehr hören. Immer wieder wurde uns gesagt, wie stark wir waren und wir haben viel Respekt und Mitleid erfahren.

Die meisten Leute sehen Bea und uns anscheinend als schwer vom Schicksal getroffen, wir selbst sehen das etwas anders, vielleicht auch, weil es für uns einfach alltäglich war.

Am einfachsten war die ganze Situation vermutlich für Bea, sie hat sich zwar – so schien es – eine Zeit lang darüber aufgeregt, dass sie sich nicht richtig mitteilen konnte, aber ansonsten war ihre Welt meist in Ordnung (wenn sie nicht gerade im Krankenhaus lag), und bestimmt halfen ihre Behinderungen ihr auch, ihre Behinderungen zu ertragen, denn ein (geistig) anderthalb Jahre altes Kind hat noch nicht so umfangreiche Bedürfnisse.

Wir sind dankbar für die Anteilnahme, für die Hilfe und auch für die gut gemeinten, aber manchmal trotzdem nutzlosen, Ratschläge. Darüber zu reden half und hilft uns.

Beas Tagesablauf

6:45

Wecken und aufstehen – Bea aus dem Bett zu bekommen war selten ein Problem. Dann folgte das Morgenprogramm: Medikamente, Wickeln, anziehen, Haarspangen, fertig. Das Frühstück hatte Bea zu Hause immer verweigert – aber das war kein Problem, da die ganze Klasse in der Schule gemeinsam frühstückte.

7:15

Der Schulbus kommt – hoffentlich pünktlich. Zwei, drei Minuten Wartezeit hat Bea akzeptiert, ab fünf wurde sie unruhig, was durchaus in einem handfesten Wutanfall enden konnte, wenn der Bus auch dann nicht kam.

Meist war er pünktlich, aber wenn ein anderes Kind verschlafen hatte, ein Verkehrsunfall dazwischen kam oder einfach nur das Wetter unerwartet nicht mitspielte, konnte es auch deutlich später werden.

12:30 – 15:30

Je nach Wochentag gab es in der Schule Nachmittags-AGs oder auch nicht und daran orientierte sich Beas Schulschluss. Kaum war sie wieder da, ging es meist sofort ab in den Garten: Schaukel, Sandkasten, Bälle über den nächsten Zaun werfen, einfach alles, was Spaß macht.

An maximal zwei Nachmittagen pro Woche hatte Bea Therapien, therapeutisches Reiten oder ähnliche Beschäftigungen, mehr wollten wir ihr nicht zumuten, da sie – trotz allem Spaß – danach meist ziemlich geschafft war. Außerdem war ihr auch anzumerken, wenn sie genug hatte.

18:00

Abendessen, manchmal (oder meist?) gar nicht so pünktlich. Je nach aktueller Form hat Bea mit allen anderen gegessen oder erst angefangen, wenn alle anderen fertig waren. Eigentlich war es aus erzieherischer Sicht falsch, aber ihr chronisches Beinahe-Untergewicht sicherte ihr hier immer eine Sonderrolle.

Danach ging es langsam in Richtung Bett. Tagsüber waren ihr Plüsch-Schäfchen mehr oder weniger gleich, aber zum

Einschlafen musste mindestens ein Teil der Herde im Bett sein.

Die kleine große Schwester

Beas Krankheit blieb nach wie vor unbekannt, ebenso die Ursache, aber dennoch wollten wir ein weiteres Kind. Als Bea noch klein war, hatten wir andere Sorgen und später stand die Wiederholungsgefahr im Vordergrund, denn ohne zu wissen, was Beas Behinderungen verursacht hatte, konnte selbiges beim zweiten Kind auch nicht ausgeschlossen werden.

Eine Zeit lang waren verschiedene genetische Ursachen im Gespräch, wurden ausgeschlossen, bevor dann wieder neue Gendefekte entdeckt wurden, die geprüft werden mussten, denn sie hätten auch für Beas Therapien relevant sein können.

Wir lieben Bea, hätten aber nicht riskiert, ein zweites behindertes Kind in die Welt zu setzen. Genetische Probleme treten nur zu 25 bis 75 % auch tatsächlich auf, allerdings hätten wir uns schon bei einer 25 prozentigen Chance sehr genau überlegt, ob wir dieses Risiko eingehen würden, vermutlich eher nicht. Beas Pflege und Krankheiten waren schon anstrengend, absichtlich wollten wir das keinem weiteren Kind antun – und uns auch nicht.

Gentests sind aufwendig, jeder einzelne dauert bis zu sechs Monate, aber schließlich waren alle bekannten in Frage

kommenden Risiken getestet und alle Tests verliefen negativ
– was zumindest für unser Vorhaben positiv war, denn damit
sprach nichts für ein erhöhtes Risiko einer erneuten
Behinderung. Als Bea acht war, entschlossen wir uns
endgültig dazu, ihr ein Geschwisterchen zu schenken, was
auch klappte.

Die Schwangerschaft verlief – ähnlich wie die mit Bea –
insgesamt ziemlich ereignislos, obwohl die Zweifel natürlich
immer wieder aufkamen: Würde alles gut gehen? Hatten wir
das Risiko unterschätzt?
Was sollten wir tun, wenn auch unser zweites Kind betroffen
sein würde? Aber das war eher eine theoretische Frage,
denn praktisch hätte es einen ähnlichen Aufwand wie bei
Bea bedeutet.

Abgesehen von den normalen Untersuchungen während der
Schwangerschaft, gab es keine Möglichkeit festzustellen, ob
Beas Geschwisterchen gesund war oder nicht, erst wenn er
oder sie anfangen würde zu sprechen, hätten wir
Gewissheit. Beas kleine Schwester wurde gesund geboren –
mit neun Jahren Abstand – und die frisch gebackene große
Schwester war sichtlich stolz.

Als ihre Schwester zwei Wochen alt war, stand Beas
Routinetermin in der Kinderklinik inklusive EEG an und wir

nutzten diese Gelegenheit, um auch von ihrer Schwester ein EEG schreiben zu lassen. Nicht-invasiv, ohne Narkose (sie hat die Untersuchung vollkommen freiwillig verschlafen), also ohne Risiko, aber möglicherweise mit ein wenig Gewissheit.

Das EEG war unauffällig und reichte aus, um uns in scheinbarer Sicherheit zu wiegen, auch wenn Beas EEG nicht immer auffällig war. Zumindest waren wir etwas beruhigter.

Sie entwickelte sich vollkommen "normal" und zeigte keine Anzeichen einer Entwicklungsverzögerung, aber erst etwa anderthalb Jahre später hatten wir die absolute Gewissheit, denn Beas Schwester fing an, deutlich zu sprechen und auch später zeigte sie keine Anzeichen von Entwicklungsproblemen.

Das Verhältnis der beiden durchlebte einige Wandlungen, aber sobald sie bemerkte, dass Bea "anders" war, wurde Bea – obwohl neun Jahre älter und entsprechend größer – immer mehr zur kleinen Schwester. Ein Rollentausch fand statt und unsere Bedenken, dass ihre Schwester Bea als "normales anderes Kind" ansehen würde, stellten sich als unbegründet heraus. Für sie gibt es andere Kinder und es gibt Bea, die einige Sachen machen darf, die andere Kinder nicht dürfen, andere Dinge nicht machen darf und immer ein bisschen mehr Aufmerksamkeit braucht.

Nicht lange nachdem sie sicher alleine laufen konnte, erkannte sie Beas kleine Anfälle – oft schneller als Mama und Papa – und klopfte Bea auf den Po oder Rücken (je nachdem, was die eigene Körpergröße gerade ermöglichte), um sie wieder herauszuholen. Das war kein "Hauen" oder "böse sein", sondern eine Hilfe, die Bea brauchte.

Diese Szenen hatte zwar immer einen ernsten Hintergrund – Beas Krankheiten sind absolut nicht zum Lachen – aber dennoch war der Anblick einfach süß: Ein kleiner Zwerg kam angerannt und "schubste" die doppelt so große Schwester – nur um sie gleich darauf zu umarmen und zu knuddeln.

18 Monate bis...

Unser Leben mit Bea hat sich geändert. Langsam und unbemerkt ist aus dem geliebten Kind unbeabsichtigt eine betreute Person geworden. Eine Wandlung, die schwer zu beschreiben und noch schwerer einzugestehen ist. Wir lieben Bea noch immer, sie ist unser Kind, aber im Alltag leben wir mehr oder weniger nebeneinander her. Wir versorgen sie, stillen ihre Bedürfnisse, aber in das enge Verhältnis scheint sich eine gewisse Distanz eingeschlichen zu haben.

Beas Alter macht die Sache nicht einfacher, denn es ist schwer zu bestimmen. Am einfachsten ist das "Papieralter", demnach ist sie elf Jahre alt, eigentlich ein Alter, in dem Kinder bereits angefangen haben, sich von ihren Eltern zu distanzieren und mehr und mehr ihr eigenes Leben zu leben.

Bea sieht allerdings eher aus, als wäre sie etwa sieben oder acht, eine ausgeprägte Form der Entwicklungsstörung gehört auch zu ihren Krankheiten, ist allerdings im Vergleich zu den anderen immer in den Hintergrund getreten. Eigentlich ist es auch die Störung, die uns und anderen am wenigsten aufgefallen ist. Geistig ist Bea nach wie vor auf den Stand von etwa anderthalb Jahren und das seit Jahren ziemlich konstant, ein Alter in dem die Bindung zwischen Kind und Eltern noch weitaus enger ist – oder sein sollte.

Bea spricht nach wie vor nicht, auch "Mama" und "Papa" hat sie im Laufe der Zeit wieder abgelegt, sie lautiert und kann dabei auch alle, für normale Sprache notwendigen, Laute erzeugen. Wenn sie fröhlich ist, quietscht sie gerne, laut und in hohen Tönen, wenn sie konzentriert etwas spielt, summt sie monoton vor sich hin, immer den gleichen Ton.

Ärgert sie irgend etwas oder wird sie sauer, fängt Bea an zu weinen, schreien und wirft meist auch Sachen durch die Gegend oder schlägt zu, zwar nur mit der flachen Hand, aber in eindeutiger Absicht. Wir haben Bea nie, oder nur sehr selten, vor Traurigkeit weinen sehen, meist eher aus Wut. Überhaupt scheint sie an Emotionen nur Freude oder Wut zu kennen, oder alles andere zumindest nicht normal unterscheiden oder vermitteln zu können. Vielleicht verstehen wir sie auch einfach nur nicht oder nicht richtig.

Zu den gewohnten Symptomen haben sich mittlerweile extreme Stimmungsschwankungen gesellt. Scheinbar ohne Grund und von einer Sekunde auf die andere schlägt Fröhlichkeit in Wut oder gelegentlich auch Traurigkeit um, auch in der Schule hat sie plötzlich unerklärliche Weinkrämpfe – doch irgendwann ist spontan alles wieder gut oder sie bekommt einen Lachflash.

Es ist schwer vorstellbar, dass einem das eigene Kind "auf die Nerven gehen" kann, vor allem wenn es eigentlich noch fast ein Baby ist und keine böse Absicht dahinter steckt, denn dafür müsste Bea überhaupt eine Absicht haben. In diese Situation mischen sich dann auch noch berufliche und daraus resultierende existenzbedrohende finanzielle Probleme – keine gute Kombination, um gelassen zu bleiben. Papa war jahrelang resistent gegenüber Beas Launen – eigentlich darf man ihr auch gar nicht böse sein, denn sie weiß es einfach nicht besser – aber diese Toleranz lässt ungewollt langsam nach.

Bei Mama wird die Situation zunehmend kritischer, die Reizschwelle Bea gegenüber ist rapide gesunken, auch Beas Freudenquietscher strapazieren sehr schnell ihre Nerven. Manchmal rettet sie nur noch die Flucht hinter die verschlossene Schlafzimmertür davor, Bea gegenüber grob zu werden oder in ihrer Verzweiflung sogar zuzuschlagen. Sie denkt zwar nicht an Selbstmord, wünscht sich aber manchmal, einfach nicht mehr zu existieren.

Das alles geschieht nicht spontan, es gab nicht das eine auslösende Ereignis wie bei dem Opfer eines Gewaltverbrechens, sondern ihre Gefühle haben sich im Laufe der Zeit verändert und plötzlich kommt die Erkenntnis, dass hier etwas ganz und gar nicht stimmt.

Welche Optionen bleiben uns? Von selbst wird nicht alles wieder gut, so viel ist klar. Bea wird sich nicht kurzfristig weiterentwickeln, wahrscheinlicher ist eher, dass sie im besten Fall auf dem erreichten Level bleibt.

Mama und Bea halten einen Nachmittag alleine zusammen aus, aber dann ist die Grenze auch erreicht. Zu sehen, dass etwas falsch läuft ist eine Sache, sich die Gründe dafür einzugestehen eine ganz andere und dann noch um Hilfe zu rufen, wieder eine neue, zusätzliche Schwierigkeit.

Wir haben versagt. Wir können unser Kind nicht mehr erziehen, ihr nichts mehr geben, was über die Grundversorgung hinausgeht und sind froh, dass sie mehr als den halben Tag in der Schule verbringt und dort noch unterstützt, gefordert und gefördert wird, denn uns fehlt die Kraft dazu.

Wie soll es nur weitergehen?

16 Monate bis...

Es ist ein Teufelskreis, denn Mama weiß, dass sie Hilfe braucht. Sie möchte Hilfe haben und geht innerlich langsam, aber sicher kaputt, möchte am liebsten gar nicht mehr aus dem Bett kommen und weint, ohne es zu wollen oder beeinflussen zu können, dauernd.

In dieser Stimmung, diesem Zustand ist es nicht leicht, zum Telefon zu greifen und einen Arzttermin zu vereinbaren. Bleibt der Hilferuf unbeantwortet (beispielsweise, weil ein Anrufbeantworter seine Aufgabe nicht erfüllt), kann es Tage oder Wochen dauern, bis die Kraft für einen neuen Versuch da ist.

Sind dann alle Psychologen im Urlaub oder auf Monate hin ausgebucht, macht sich eine schier endlose Hilflosigkeit breit, ein schwarzes Loch, in das man immer tiefer fällt: Nicht nur die Situation ist das Problem, sondern die noch nicht einmal eingebildete, sondern tatsächlich existierende Ausweglosigkeit.

Es ist schwer, einen geliebten Menschen in diesem Zustand zu sehen, das Grauen ansatzweise zu verstehen, das jeder neue Tag bedeutet und gleichzeitig zu wissen, dass das Sichtbare nur die Oberfläche, nur ein leichter Schatten der tatsächlichen Probleme ist. Noch schlimmer ist das Wissen, nicht helfen zu können.

Ein Psychologe ist dann tatsächlich telefonisch erreichbar und nach einem längeren Gespräch – quasi einer ersten Sitzung am Telefon – der Meinung, dass Hilfe in diesem Fall keinen Aufschub duldet. So findet sich doch noch ein dazwischengequetschter Termin, welcher zunächst wöchentlich und später alle zwei Wochen Wiederholung findet – und damit endlich ein Ventil für Mamas Sorgen bietet.

Diese Therapie kann aber nicht einfach verordnet werden, sondern muss erst von der Krankenkasse genehmigt werden. Auf Basis welcher Informationen diese Genehmigung erteilt oder verweigert wird, bleibt uns schleierhaft, aber schließlich liegt auch diese vor.

11 Monate bis...

Es tut sich etwas bei Bea, und zwar nichts Gutes. Ein paar Mal im Monat ist sie morgens total quengelig, mag nicht aufstehen, nichts Essen und wenn überhaupt nur wenig trinken. Zunächst geschieht das nur am Wochenende, dann auch in der Schule.

Unter der Woche ist sie morgens vollkommen normal, steht auf, fährt mit dem Bus zur Schule, dort wird sie irgendwann quengelig, zieht sich zurück, legt sich in die Kuschelecke im Klassenzimmer und irgendwann sieht sie ihr Frühstück zum zweiten Mal. Ansonsten zeigt die keine neuen Symptome und für eine Magen-Darm-Infektion oder eine ähnliche Krankheit liegt zu viel Zeit zwischen den Vorfällen.

Schwanger ist sie definitiv nicht – etwas, an das man bei einem Mädchen in ihrem Alter und diesen Symptomen natürlich denkt. Zumindest so weit Mama und Papa wissen, gab es keine dafür notwendigen Begegnungen mit dem anderen Geschlecht und auch körperlich ist sie noch nicht so weit, ganz abgesehen von der Häufigkeit der Sympthome, denn die Übelkeitstage sind bunt über den Monat verteilt.

Sobald sie alles los geworden ist, schläft sie noch eine Runde und ist dann wieder fit, als wäre nichts gewesen. Das morgens geschaffene Loch im Bauch wird fleißig mit Essen gefüllt und alles, was in ihr verschwindet, bleibt auch dort.

Ihre Medikamente – Orfiril und Lamotrigin – können zwar Übelkeit auslösen, aber nach so vielen Jahren ohne besondere Auswirkungen wäre es äußerst ungewöhnlich, wenn sich derartige Symptome spontan zeigen würden, zudem müsste sich diese Art von Nebenwirkungen normalerweise viel öfter manifestieren. Eine Ursache oder Lösung finden wir nicht, nach ein paar Monaten werden diese Probleme wieder von selbst aufhören.

10 Monate bis...

Mama geht es wieder besser: Die genehmigten Sitzungen sind aufgebraucht, aber sie hat wieder etwas mehr Geduld und wieder einen Draht zu Bea gefunden, auch wenn das Verhältnis der beiden weiterhin nicht ganz einfach ist.

Schon seit Jahren ist uns klar, dass Bea irgendwann ausziehen und mehr oder weniger ihr eigenes Leben führen wird – wie jedes andere Kind auch. Uns geht es in dem Fall nicht darum, sie loszuwerden, sondern ihr ein möglichst eigenständiges Leben zu ermöglichen und sie nicht ausschließlich von uns abhängig zu machen. Dass sie wohl nie über das betreute Wohnen hinauskommen wird, ist ziemlich sicher, aber wir möchten verhindern, dass sie dieses erst kennenlernt, wenn Mama und/oder Papa einmal nicht mehr da oder zu alt geworden sind. Wir wissen auch, dass sie diese Entscheidung aller Voraussicht nach nicht selbst treffen können wird und sind, was den Zeitpunkt betrifft, in etwa von ihrem 18. Geburtstag ausgegangen.

Diese Entscheidung ist nicht sonderlich schwer, wenn das Datum noch in sehr ferner Zukunft liegt. Bis dahin haben wir noch viel Zeit, es kann sich sehr viel an Beas Zustand ändern und auch wir können unsere Meinung jederzeit noch ändern.

Langsam reift jetzt allerdings die Erkenntnis, dass wir unsere Planung in Frage stellen müssen. Bea ist jetzt zwölf und es scheint nicht so als ob weitere sechs Jahre für alle Beteiligten sinnvoll und verkraftbar wären.

Lange stehen wir zusammen in der Küche und reden. Eine echte Diskussion ergibt sich nicht, denn beiden ist das Ergebnis im Kopf bereits klar, auch wenn das Herz verzweifelt nach Gegenargumenten sucht – aber keine findet. Schweren Herzens reduzieren wir schließlich den Zeitraum um zwei Jahre, mit 16 soll es (voraussichtlich) soweit sein.

Insgesamt haben wir uns arrangiert und unser Leben verläuft wieder in halbwegs geordneten Bahnen, die anderen Probleme sind zwar nicht gelöst, aber stabilisiert.

9 Monate bis...

Große Veränderungen stehen bevor, denn Papa hat einen neuen Job, der endgültig wieder für normale finanzielle Verhältnisse sorgen soll, aber leider auch teuer bezahlt werden muss, denn der Einsatzort befindet sich in einer anderen Stadt, mehrere Bahnstunden von zu Hause entfernt.

Ein Umzug der gesamten Familie kommt nicht in Frage, denn Bea ist tief in der Schule verankert, ein plötzlicher Schulwechsel würde sie mit Sicherheit in ein tiefes Loch stürzen, sie würde sich zurückziehen, niemanden kennen und müsste die, seit dem Kindergarten aufgebauten, Bindungen aufgeben.

Fast die komplette Kindergarten-Gruppe wurde damals gleichzeitig in die gleiche Klasse eingeschult, die neuen Lehrer waren schon in den Wochen vor der Einschulung im Kindergarten, um die Kinder kennenzulernen und den Übergang möglichst einfach zu gestalten.

Ein harter Wechsel auf eine andere Schule würde sie mit ziemlicher Sicherheit für einige Monate völlig aus der Bahn werfen, das können und wollen wir ihr nicht antun, ganz abgesehen davon, dass Mama die zu erwartenden Reaktionen Beas auch nicht wirklich gut verkraften würde, denn dank Therapie ist zwar einiges besser geworden, doch bis zur vollständigen Normalisierung wird wohl noch einige Zeit ins Land gehen. Also bleibt nur eine Wochenendbeziehung.

Es ist nicht leicht, die Familie in dieser Situation alleine – in Papas Augen im Stich – zu lassen, auch wenn es unvermeidbar ist. Fünf Tage pro Woche Mama, Bea und ihre Schwester allein zu Hause macht es nicht leichter – die Gefahr, dass Mamas Probleme wiederkehren, ist uns bewusst, aber welche Alternative haben wir?

Letztendlich sind es eigentlich nur vier Tage: Montag nach der Schule bis Freitagmorgen – und es klappt wesentlich besser als befürchtet. Für beide Kinder ist es ein Highlight, Papa zum Bahnhof zu bringen und von dort abzuholen.

Bea möchte jedes Mal mit Papa in den Zug einsteigen, was natürlich nicht möglich ist, denn neben einem Vollzeitjob noch für die Beschäftigung und Pflege zu sorgen, die Bea braucht, ist leider undenkbar. Eine normale Dreizehnjährige hätte durchaus eine Woche mit zu Papa kommen können, aber Bea braucht mehr Bewegung und Freiraum, als eine anderthalbjährige, die sie im Geiste ist und trotzdem mehr Betreuung und Pflege, als an einem Arbeitstag realisierbar wären.

Mama und Papa telefonieren jeden Abend, manchmal auch Morgens, allerdings geht das an Bea vollkommen vorbei. Sie spricht nach wie vor nicht und kann auch mit einem Telefon rein gar nichts anfangen, auch nicht wenn sie nur zuhören soll.

Der Telefonhörer ist ihr unangenehm, sie schiebt ihn weg, mag ihn nicht am Ohr haben und ein Telefon mit aktiviertem Lautsprecher regt sie noch schlimmer auf. Den Grund dafür werden wir wohl nie erfahren.

Insgesamt verkraftet Bea die Veränderungen allerdings ziemlich gut, d.h. besser als erwartet. Mama darf sie recht schnell auch Abends ohne Gegenwehr wickeln – eigentlich Papas Aufgabe – und meist schläft sie auch durch.

8 Monate bis...

Eigentlich ist es Routine, dass Beas Neurologe sich von Zeit zu Zeit meldet, wenn wieder eine neue Krankheit entdeckt wurde, die eventuell auch auf Beas Symptome passen könnte.

Eine genaue Diagnose ist nach acht Jahren für uns zunehmend bedeutungslos geworden, solange sie nicht therapierelevant ist, also durch eine Änderung der Medikamente, eine Spezialdiät oder Behandlung tatsächlich zu einer Besserung ihrer Situation führen würde.

Doch dieses Mal ist alles anders und Bea ist gar nicht betroffen: Zwei neue Gendefekte wurden entdeckt und deren Symptome passen wieder einmal zur Hälfte perfekt auf Bea. Zumindest einer der beiden würde auch eine wichtige Rolle spielen, wenn Beas Schwester einmal Kinder bekommen möchte, denn selbst wenn sie nicht erkrankt ist, könnte sie Träger des defekten Gens sein und damit schlimmstenfalls selbst mit einem behinderten Kind zurechtkommen müssen.

Eigentlich waren wir recht sicher, dass alle genetischen Ursachen ausgeschlossen worden waren, bevor wir die Entscheidung getroffen hatten, ihre Schwester zu bekommen. Jetzt stellt sich heraus, dass der gesunde kleine Zwerg möglicherweise ein glücklicher Zufallstreffer war und das Risiko einer Behinderung doch vorhanden ist. Ein Risiko – so waren und sind wir uns einig – das wir nicht eingehen wollten.

Der Schreck sitzt tief, quasi genetisches russisches Roulette mit einem Menschen-, einem Kinderleben gespielt zu haben, dass es nicht beabsichtigt war und wir im besten Wissen und Glauben gehandelt hatten, macht die Sache auch nicht besser.

Jetzt ist es ohnehin zu spät: Ihre Schwester ist längst geboren und gesund. Es war Glück, dass alles gut gegangen ist und wir sind wirklich dankbar dafür.

Wir wollen kein zweites behindertes Kind, denn wir sind nicht sicher, ob wir noch einmal die Kraft aufbringen können, die in den letzten mehr als zehn Jahren notwendig war.

Wäre es dennoch passiert – hätten wir damit leben müssen und hätten dies vermutlich auch getan, denn eines haben uns die vergangenen Jahre gelehrt: Immer, wenn Du glaubst, dass es nicht weitergeht, dass Du an etwas zerbrichst, findest Du am Ende doch irgendwo die Kraft, um die Probleme durchzustehen.

7 Monate bis...

Bea liegt wieder in der Kinderklinik, dieses Mal trotz erhöhter Anfallszahlen allerdings nicht als Notfall, sondern geplant: Ein neues MRT soll vielleicht etwas Licht in das Dunkel ihrer Erkrankungen bringen oder zumindest den aktuellen Stand der Entwicklung ihres Gehirns aufzeigen. Schon beim ersten MRT wurde festgestellt, dass die Myelinschicht um ihre Nervenzellen (eine Schutzschicht, welche auch für die Reizweiterleitung zwischen den Zellen verantwortlich ist) nicht so ausgeprägt vorhanden ist, wie sie es in Beas Alter sein sollte. Damals war es jedoch nicht wirklich ein Grund zur Beunruhigung. Einen konkreten Anlass zur Hoffnung auf Besserung gibt es nicht, die Untersuchung ist mehr ein Schuss ins Blaue, aber vielleicht zeigt sich dieses Mal etwas Aufschlussreiches oder eine Veränderung zu den älteren MRT-Bildern.

Wie beim ersten Mal braucht Bea auch jetzt eine Narkose und muss dafür mindestens zwei Tage im Krankenhaus bleiben, aber zumindest geht es damit um einen absehbaren Zeitraum. Papa ist – wie mittlerweile jede Woche – bei der Arbeit und einige Zug-Stunden von zu Hause entfernt, also bleibt alles an Mama und Oma hängen, während die andere Oma auf Beas Schwester aufpasst.

Vollkommen überraschend bekommt Bea ein Einzelzimmer und schläft tatsächlich die erste Nacht durch. Am nächsten Morgen zieht sich alles etwas länger hin als gedacht, aber schließlich laufen Narkose und MRT ohne Zwischenfälle ab. Hinterher sieht es schon anders aus. Bea kann es, aus welchen Gründen auch immer, nicht haben, irgend etwas an oder um die Hand zu haben. Dabei ist es völlig egal, ob es ein Armband, ein Verband oder der Clip des Pulsoxymeters an ihrem Finger ist. Die Konsequenz ist immer dieselbe: Sie rastet aus.

Kaum erwacht sie aus der Narkose, wird gleich der besagte Pulsoxymeter-Clip vom Finger geschüttelt, welchen der Pfleger im Aufwachraum immer wieder geduldig ansteckt. Wenig später nimmt sie die, von der Narkose übrig gebliebene, Infusionsnadel in ihrer Hand wahr, welche zu allem Übel auch noch durch einen Verband an Ort und Stelle gehalten wird. Wie erwartet, fängt sie an sich dagegen zu wehren, was der Pfleger mit Sprüchen wie *"Nun beruhige dich mal und mach uns und deiner Mama nicht so einen Stress"* kommentiert.

Besagte Mama hatte ihm schon zu Anfang erklärt, dass Bea damit Probleme haben würde, doch anscheinend war ihre Warnung bei ihm nicht angekommen. Erst die deutliche Aussage, dass er gerade versucht, mit einer nicht sprechenden zwölfjahrigen, welche sich auf dem geistigen Entwicklungsstand einer anderthalbjährigen befindet, eine Unterhaltung zu führen, macht ihm bewusst, dass er mit dieser Taktik wohl nicht weit kommen wird. Doch anstatt den Gegenstand allen Ärgernisses, wie von der Mutter gewünscht, einfach zu entfernen, wird sie vorzeitig wieder auf die Station entlassen, damit sie die Aufwachstation durch ihre zunehmenden Wutausbrüche nicht weiter aufmischt.

Mama kann schon längst die Tränen der Verzweiflung nicht mehr zurückhalten. Zum Glück ist gerade eine Seelsorgerin auf der Station, welche von einer aufmerksamen Schwester postwendend in Beas Zimmer dirigiert wird. Dort hilft sie Mama, indem sie sich um Bea kümmert.Mama kommt wieder etwas zur Ruhe und beschließt, beim nächsten Mal (welches sicher irgendwann kommen wird) darauf zu bestehen, dass die Infusionsnadel, sofern sie nicht sicher gebraucht wird, beim ersten Anzeichen heftiger Gegenwehr entfernt wird.

Eine Woche später sind die Bilder ausgewertet und das Ergebnis ist verheerend. Auf eine echte Diagnose oder sogar eine Ursache hatten wir gar nicht mehr gehofft und wie erwartet gibt es auch keine.

Während sie anfangs noch Fortschritte gemacht hatte, blieben diese in den letzten Monaten und Jahren fast vollständig aus, eine Tatsache, die sich Mama und Papa lange schön geredet haben. Jetzt aber gibt es die traurige Gewissheit: Im Vergleich zu den letzten, mehrere Jahre alten MRT-Bildern, zeigen die Neuen eindeutig weniger "graue Zellen": Ihr Gehirn wächst nicht nur nicht mehr, es bildet sich anscheinend auch zurück.

Der Rückgang ist zwar sichtbar, aber nicht so dramatisch, dass bereits jetzt eine Rest-Lebenserwartung prognostiziert werden könnte. Nach den ersten Anfällen und Entwicklungsverzögerungen wurde uns noch die Hoffnung gemacht, dass sich diese Dinge häufig mit der Pubertät verwachsen und von selbst erledigen. Jetzt ist es allerdings sicher: Bea wird nie ein auch nur halbwegs "normales" Leben führen, sie wird nicht mehr Eigenständigkeit erreichen, als sie aktuell hat.

Die immer häufiger auftretenden Anfälle sind mit hoher Sicherheit kein Grund für den Abbau, sondern dessen Folge, sie werden also im Laufe der Zeit wieder mehr und heftiger werden. Alle Hoffnungen auf Besserung in irgendeinem der Bereiche sind damit dahin, selbst der aktuelle Status wird nicht konstant bleiben.

Einer ihrer Klassenkameraden hatte ein ähnliches Schicksal, wenn auch mit schnellerem Verlauf. War er im Kindergarten noch quietschfidel und sehr bewegungsfreudig, konnte er in der zweiten Klasse schon keine Treppen mehr steigen, dann kam der Rollstuhl und mit dem Ende des letzten Schuljahres hat er sich verabschiedet – in ein Pflegeheim mit Langzeithospiz, weil Eltern und Schule die notwendige Pflege nicht mehr leisten konnten. Bei ihm war es eine vollkommen andere und von Anfang an diagnostizierte Krankheit, der Verlauf war von Anfang an klar und wir haben ihn nur ein paar Mal im Jahr gesehen, aber trotzdem war es erschreckend, seinen körperlichen Verfall mitzuerleben. Etwas Ähnliches, wenn auch wohl über einen wesentlich längeren Zeitraum, werden wir jetzt vermutlich bei Bea miterleben.

Früher kam er gelegentlich auf, der Gedanke, Bea könnte vor uns sterben, dann meist aus Angst um einen Unfall. Jetzt ist dieses Szenario ganz real geworden: Selbst wenn wir die Anfälle immer mit Medikamenten in einem Rahmen halten können, der nicht zum Aussetzen der Atmung führt, werden wir Bea, mit an Sicherheit grenzender Wahrscheinlichkeit, irgendwann beerdigen müssen.

"Niemand sollte sein Kind überleben müssen" – der Satz stammt aus irgendeinem Film und ist bei Papa hängen geblieben. Seit diesem Tag kommen die Gedanken immer wieder auf. Wenn Bea nicht zu Hause ist und das Telefon klingelt, schießt einem immer wieder ungewollt durch den Kopf: Bea ist etwas zugestoßen und jetzt rufen sie an, um das mitzuteilen.

Trotz allem, was wir in den vergangenen Jahren erlebt haben, der großen Ungewissheit bei Beas erster Anfallsphase, den Jahren und Schwierigkeiten – dieser Tag, diese Mitteilung, ist der absolute emotionale Tiefpunkt.

6 Monate bis...

Viele Gespräche mit Schule, Kinderarzt, Pflegedienst (der zwar keine Pflege übernimmt, aber unsere halbjährlich kontrollieren muss) und auch der kommunalen Familienhilfe haben uns bestätigt, was wir bereits innerlich irgendwie wussten: Vier weitere Jahre mit Bea halten weder sie, noch Mama oder Papa durch. Wir müssen eine Entscheidung treffen, die eigentlich schon feststeht, denn eine Wahl gibt es nicht, aber trotzdem ist sie sehr schwer.

Die Familienhilfe hat zwar eine Art Tagesmutter für Bea angeboten, die einmal pro Woche mit ihr etwas unternimmt und Mama so einen freien Nachmittag verschafft, aber da Bea bereits bis zum frühen Nachmittag in der Schule ist, liegt hier gar nicht das Problem.

Bea wird ausziehen und das innerhalb der nächsten 12 Monate. Jetzt ist es beschlossen und treibt uns Beiden Tränen in die Augen.

Es wäre wesentlich leichter, wenn wir sie dazu fragen könnten, ihre Meinung einholen, die uns vermutlich (oder hoffentlich) bestätigen würde, dass wir richtig liefen, dass wir ein Stück weit diese tiefgreifende Entscheidung ihr überlassen könnten – aber dazu fehlt nicht nur eine

Kommunikationsbasis, sondern auch das Verständnis auf Beas Seite.

Nach wie vor lebt sie in den Tag hinein – wie hätte sie je etwas anderes lernen können – andere Menschen bestimmen ihren Tagesablauf. Sie kann schon Entscheidungen treffen, beispielsweise was sie essen oder trinken möchte oder womit sie spielen mag, aber immer nur für die aktuelle Situation, nicht vorausplanend und erst Recht nicht für so komplexe oder wichtige Dinge wie es ein Umzug in die stationäre Pflege ist.

Die Optionen halten sich allerdings in Grenzen: Für das Pflegeheim für schwerst Mehrfachbehinderte in Schulnähe ist sie definitiv zu fit und mobil, die Wohnanlage für Behinderte ein paar Kilometer weiter hat zwar ein riesiges Gelände und umfangreiche Einrichtungen, nimmt allerdings nur Kinder mit speziellen Behinderungen und Erwachsene auf. Es gibt noch eine Reihe von anderen Einrichtungen im 30-Kilometer-Umkreis, jede auf etwas anderes spezialisiert, aber letztendlich passend wäre nur ein Heim über anderthalb Autostunden von hier entfernt. Dabei würde sich zwangsweise auch ein Schulwechsel ergeben und zumindest diesen Stabilitätsanker würden wir Bea sehr gerne lassen, da große Veränderungen sie meist ziemlich aus der Bahn werfen.

Die Entscheidung war nicht einfach, aber sie steht und damit ist das Wochenende auch zu Ende – und Papa muss wieder los in Richtung Arbeitsplatz.

5 Monate bis...

Nach langer Zeit gehen wir endlich wieder in die Luft – und das im wörtlichen Sinn. Nach rund 18 Monaten chartern wir das erste Mal wieder ein Kleinflugzeug und erheben uns in die Lüfte. Ein gemeinsames Hobby von Mama und Papa, das auch beide Kids begeistert. Es ist unser kleines Stückchen Freiheit, denn in der Luft können wir zu viert tolle Stunden verbringen, ohne besonders auf Bea zu achten oder Rücksicht nehmen zu müssen.

Bea fliegt gerne, immer wenn wir beim Flughafen sind, möchte sie am liebsten auch gleich los. Doch vor dem Start stehen Routinechecks bis wir endlich um die Startfreigabe bitten können. Bea ist dabei erstaunlich ruhig. Sie beobachtet gerne die großen Airliner und die anderen kleinen Privatflieger, die direkt an uns vorbeirollen, starten und landen, wenn es ihr zu viel wird, setzt sie sich einfach in die Maschine, eine Cessna 172, und wartet dort.

In der Luft schaut sie zum Fenster raus und beobachtet die Landschaft unter uns. Da wir nicht durch Wolken fliegen dürfen, liegen diese meist über uns und der Blick nach unten ist frei. Angst hat sie noch nie gezeigt und komischerweise hatte sie in der Luft auch (fast) keine Anfälle.

4 Monate bis...

Zur Abwechslung gibt es gute Nachrichten, denn Papa bricht seine Zelte am Arbeitsort ab, kommt zurück nach Hause und arbeitet ab sofort im Homeoffice.

Durch Zufall hat Beas Lehrerin jetzt von einem anstehenden freien Platz in einer Wohngruppe in der nächsten Stadt erfahren. Eigentlich ist das die perfekte Lösung, denn Bea könnte in ihrer Schule und Klasse bleiben.

Wir haben die Wohngruppe gemeinsam besucht und fanden dort insgesamt zehn Kinder, fünf Erzieher und Pflegefachkräfte und eine familiäre Atmosphäre, die weit über normale Pflege hinaus geht, vor. Die Kinder decken von leichten chronischen Erkrankungen bis hin zu schweren geistigen Behinderungen alles ab, Bea wäre – dem ersten Eindruck nach – zwar der zweit-schwerste Fall dort, aber nicht nur willkommen, sondern auch gut aufgehoben – und nur etwa eine halbe Fahrtstunde entfernt, so dass regelmäßige Besuche oder Wochenenden zu Hause problemlos möglich wären.

Jedes Kind hat dort sein eigenes Zimmer mit "normaler" Kinderzimmereinrichtung – sofern das medizinisch möglich ist. Dazu gibt es eine Küche, ein Esszimmer, einen Sportraum und zwei große Spielzimmer. Alles ist liebevoll eingerichtet und die Wände der Flure sowie der gemeinsam genutzten Räume werden von gemalten wilden Tieren bewohnt. Alle Räume sehen aus, als wären sie innerhalb der letzten zwei Jahre gebaut oder vollständig renoviert worden und die Gruppe unternimmt vieles, bis hin zu gemeinsamen Urlauben an der See.

Bei der Ankunft werden wir sofort von Kindern umringt und bald geht Bea, zusammen mit einer Betreuerin, auch zu den Anderen und spielt mit. Sonst mussten wir immer mit einem Auge bei Bea sein, aber jetzt sitzen wir hier, unterhalten uns und brauchen nicht auf sie zu achten – eine seltene Erfahrung.

Aber auch das Gespräch ist irgendwann zu Ende und wir suchen unsere Kinder: Beide sind zusammen mit den Anderen in einem der Spielzimmer und toben. Beas Schwester kommt gleich angelaufen, Bea auch – aber nur um die Tür zu schließen und uns auszusperren. Ihre Entscheidung ist gefallen und eindeutig, auch wenn sie die Tragweite mit Sicherheit nicht annähernd erfassen kann.

Allerdings hat die Sache einen Haken: Die Kleingruppe ist auf Beständigkeit ausgerichtet, das heißt, Wechsel der Belegschaft sind sehr selten (ein großer Vorteil für Bea) und die Gruppenstärke liegt fix bei zehn Kindern.

Ein Junge ist jetzt mit 19 Jahren mit der Schule fertig und geht in Kürze wieder nach Hause. "In Kürze" bedeutet in diesem Fall noch in diesem Monat und auch, wenn wir uns damit auseinandergesetzt hatten und die Entscheidung für dieses Jahr feststeht – so schnell sollte es eigentlich doch nicht gehen.

Ein paar Wochen braucht das Team vor Ort, um einige interne Umzüge von Kindern zu organisieren und die Gelegenheit jeweils zum Streichen der freien Zimmer zu nutzen, aber dann ist alles bereit. Die endgültige Entscheidung, ob sie Bea aufnehmen werden, steht zwar noch aus – diese fällt im gemeinsamen Team-Meeting aller Betreuer – aber die Leiterin und deren Vertretung haben sich bereits dafür ausgesprochen und zumindest in dieser Hinsicht kann nicht viel schief gehen.

Der Platz kann allerdings nicht endlos freigehalten werden. Bea müsste im Laufe des nächsten oder spätestens übernächsten Monats dort einziehen, was uns unter ziemlichen Zeitdruck setzt und quasi keine Vorbereitungszeit lässt.

Trotz allen Aufwands und aller Besonderheiten lieben wir Bea und der Gedanke, dass sie auf einmal nicht mehr jeden

Tag da ist... ist derzeit für uns nicht vorstellbar, es würde etwas fehlen. Bei einer Klassenfahrt ist das etwas vollkommen anderes (und eine willkommene Abwechslung), weil diese immer befristet ist, aber... für immer?

Realistisch gesehen, würde sie mit 18 in eine andere Einrichtung wechseln, falls nicht medizinische Gründe vorher etwas anderes erfordern würden. Von Schule, Freunden, Ärzten und auch den Betreuern dort heißt es immer: "Die Entscheidung ist richtig, dreizehn Jahre Pflege sind eine unglaubliche Leistung, ich hätte das nicht geschafft." Das mag die Zweifel etwas reduzieren, aber leichter kann es die Sache auch nicht machen.

Die Gefühle bei der Rückkehr nach Hause lassen sich kaum in Worte fassen. Bei der Besichtigung und Besprechung mit den Betreuern waren wir recht gefasst, ruhig und sachlich. Es ging darum, medizinische und sonstige Informationen über Bea mitzuteilen, ein Vorgang, den wir mittlerweile (gefühlt) hundertfach hinter uns haben. Bei jedem Arzt, jedem Therapeuten, jeder Betreuungsperson war es das gleiche, wenn auch immer mit unterschiedlichen Schwerpunkten, aber jetzt, wo wir wieder zu Hause sind, kocht alles hoch, brechen alle Emotionen durch, für die vorher kein Platz war.

Im Kopf ist es uns klar – es ist die beste Lösung, die überhaupt möglich war – aber unser Herz würde den Platz am liebsten sofort ablehnen. Es ist schwer und zugleich leicht, weil alle so nett waren und alles so perfekt passt. Vom Verstand her gesehen, ist es wirklich die beste Lösung, aber gefühlt bleibt es falsch.

Wir wissen auch noch nicht, welche Kosten auf uns zukommen werden. Aber das hat bisher noch nie unsere Entscheidungen bezüglich Bea (oder ihrer Schwester) beeinflusst und wenn es irgendwie geht, soll es auch dabei bleiben.

13 Wochen bis...

Eine stationäre Pflegestelle ist – vorsichtig gesagt – nicht ganz billig. "Privat nicht finanzierbar" trifft es vermutlich eher, aber für diese Fälle gibt es eigentlich das Jugendamt, die Behindertenhilfe und den so genannten sozialen Dienst.

Vom Staat abhängig zu sein – oder eher: Bea von ihm abhängig zu machen – macht keinen Spaß und ist bestimmt nicht unser Lebensziel, allerdings lassen die anfallenden Kosten (die ein durchschnittliches Familien-Bruttoeinkommen übersteigen) uns keine andere Wahl.

Schon die Kontaktaufnahme gestaltet sich unerwartet schwierig, denn die für uns – in Stadtnähe aber trotzdem nicht im Verwaltungsbereich der Stadt lebend – zuständigen Stellen sind online nicht auffindbar, komischerweise ganz im Gegensatz zu denen der Stadt selbst. Wie viele Ansprechpartner wir durchtelefonieren mussten, wie oft wir Beas Geschichte erzählten, wie oft wir meinten, uns dafür rechtfertigen zu müssen, unser Kind weggeben zu wollen (vielmehr zu müssen) und wie oft es uns innerlich zwischen Kopf- und Herz fast zerrissen hat – wir haben aufgehört zu zählen.

Wir sind zu zweit, können uns gegenseitig stützen und die Arbeit teilen, aber alleine alle Hürden, die einem in den Weg gelegt werden, zu meistern – vielleicht zusätzlich noch in einer depressiven Grundstimmung – da fällt das Aufgeben bestimmt leichter, als es durchzuziehen.

Nachdem die richtige Stelle endlich gefunden ist, kommt die Ernüchterung: Im besten Fall dauert die Prüfung drei Wochen, es können aber auch sechs Monate oder mehr werden. Beas Platz wird zum Ende des Monats frei, ein paar Wochen Vorbereitung braucht die Gruppe, aber es würde uns wirklich wundern, wenn sie es sich leisten könnten, den Platz ein halbes Jahr unbesetzt zu lassen, zumal diese Plätze in der Stadt und Umgebung wirklich rar sind.

Für den Kindergartenplatz, die Pflegestufe, den Schulbesuch, den Behindertenausweis, noch einmal die neue Pflegestufe, jedes einzelne Mal geht der Prüfungswahnsinn wieder von vorne los. Warum können die Behörden nicht einfach einmal die Daten erfassen und bei jedem Mal nur noch die Differenzen zur letzten Prüfung abfragen?

Wir bekommen immer mehr den Eindruck, dass Datenschützer unbedingt alles künstlich verkomplizieren müssen und theoretisch mögliche Missbrauchsfälle konstruieren, nur um ihre Daseinsberechtigung zu beweisen und ohne zu wissen, welchen Schaden sie damit anrichten und welchen unnötigen Aufwand sie verursachen. Beas komplette Krankenakte würden wir mit Sicherheit auch nicht gerne im Internet wiederfinden, aber von uns aus kann jeder Arzt, jeder Therapeut und jede Behörde, die annähernd etwas mit ihr zu tun hat, die Daten einsehen.

Anstatt ein zentrales Netzwerkes nutzen zu können, dürfen wir jedem einzelnen Bericht hinterherrennen, alles selbst erfassen, scannen und allen zuschicken, für die es von Bedeutung sein könnte. Mittlerweile bekommt jeder neue Arzt erst einmal eine CD voll Krankengeschichte und nicht wenige sind dankbar über das gesparte Papier – bei Behörden funktioniert das natürlich nicht so einfach.

Beas Antrag haben wir – wie gewünscht formlos – gestellt und die unserer Meinung nach relevanten Unterlagen beigelegt – lieber etwas großzügiger um weniger nachschicken zu müssen. Als nächstes wird ein Hausbesuch des zuständigen Außendienstlers der Behindertenhilfe anstehen.

Wir kennen ihn schon, er war auch einer derjenigen, die uns zu Beas Umzug geraten haben. Eigentlich ist er ganz nett, allerdings scheint er bei unserem letzten Telefonat nicht besonders erfreut zu sein, dass unsere (erste) Wahl nicht die von ihm favorisierte Institution, die anderthalb Autostunden entfernt liegt, ist.

Wenn wir die Wahl zwischen einer "echten" Pflegeeinrichtung auf der einen und einer Kleingruppe mit familiärer Atmosphäre und sehr liebevoller Betreuung auf der anderen Seite haben, dann fällt uns wenigstens diese Entscheidung leicht, zumal Bea feste Bezugspersonen, Zuständigkeiten und Abläufe braucht und eine kleine Gruppe für sie auch grundsätzlich besser ist, denn bei vielen Leuten – egal ob Kindern oder Erwachsenen – versteckt sie sich, dazu reicht es schon aus, wenn mehr als zwei oder drei Leute bei uns zu Besuch sind. Glücklicherweise durften wir diese Entscheidung selbst treffen und haben uns eindeutig für die Wohngruppe entschieden, ob das anderen Leuten nun passt oder nicht.

Natürlich würden wir sie am liebsten zu Hause behalten, denn allein der Gedanke, dass sie nur noch gelegentlich "zu Besuch" nach Hause kommt, ist (noch) unvorstellbar. Wenn das eine Option wäre, hätten wir weder die aktuellen Probleme, noch überhaupt diese Entscheidung treffen müssen. Die beste Lösung ist leider nicht immer die leichteste, ganz im Gegenteil.

12 Wochen bis...

Die Wohngruppe hat angerufen und um es kurz zu machen: Bea hat den Platz, wenn wir ihn noch haben wollen (und wir wollen ihn). Jetzt hängt alles an den Behörden, aber von dieser Seite ist selbstverständlich noch keine Rückmeldung eingetroffen.

Unsere Beziehung zu Bea hat sich seit dem Besuch der Wohngruppe radikal geändert. Bis zu diesem Zeitpunkt waren wir uns zwar einig, aber erst nach dem Besuch haben wir es richtig realisiert: Das wird Beas neues Zuhause. Erst jetzt ist es tatsächlich bei uns angekommen, vorher war es mehr oder weniger einfach nur eine Entscheidung, wie wir so viele für Bea getroffen haben, aber jetzt wird sie richtig greifbar.

Es mag zwar heuchlerisch klingen, aber all' unsere Probleme mit Bea haben sich mehr oder weniger erledigt – ganz spontan. Wir lieben sie wieder – zu sagen, wie am ersten Tag, wäre übertrieben – aber zumindest so wie in den letzten zwei Jahren nicht mehr. Das ist auch nicht ganz richtig, denn geliebt haben wir sie eigentlich immer, aber das zu zeigen, ist irgendwie immer mehr im Alltag untergegangen. Jetzt wird sie bei jeder Gelegenheit (beziehungsweise jedes Mal, wenn in uns der Gedanke an das Bevorstehende aufkommt) geknuddelt.

Ist es eine Last, die von unseren Schultern gefallen ist? Ist es die Aussicht auf – wenn auch noch nicht genau terminierte – Besserung der Gesamtsituation? Sind es Schuldgefühle?

Die Vorstellung, Bea nicht mehr zu Hause zu haben, ist momentan für uns nicht wirklich vorstellbar, immerhin waren wir in den letzten dreizehn Jahren beinahe täglich zusammen, von Klassenfahrtwochen und ähnlichen seltenen Unterbrechungen einmal abgesehen.

11 Wochen bis...

Insgesamt scheint Bea extremer zu werden und zwar in alle Richtungen. Ihre Anfälle kommen wieder häufiger und werden intensiver, bis zur Mini-Ohnmacht. Dabei fällt sie einfach in sich zusammen, ähnlich wie ein – der Vergleich mag komisch klingen – kontrolliert gesprengtes Haus, das einfach zusammensackt. Gerade steht sie noch da und im Bruchteil einer Sekunde liegt das Kind am Boden, so als hätten alle Muskeln gleichzeitig ohne Vorwarnung versagt. Man selbst bleibt ohne jede Chance zum Eingreifen, selbst wenn man direkt neben ihr steht.

Ein ganz klein wenig Spielraum haben wir bei ihren Medikamenten noch, bis der toxische Bereich erreicht ist. Wir werden wohl in Kürze bei ihrem Neurologen wieder eine Erhöhung beantragen müssen, denn eine andere Möglichkeit bleibt uns leider nicht, als immer stärkere Medikamente einzusetzen.

Sie ist in vielen Situationen ruhiger geworden, auf der anderen Seite kommen ihre Wutanfälle mittlerweile aus dem Nichts, früher konnte man wenigstens ansatzweise den Grund erahnen. Ihr Klassiker war immer das aus dem Haus gehen. Wenn vier Leute zum gleichen Zeitpunkt das Haus verlassen und irgendwo hin fahren wollen, dann braucht das seine Vorbereitungszeit. Windeln und sonstiges Zubehör wollen eingepackt werden, die Kinder brauchen Hilfe beim Anziehen und auch Mama und Papa würden gerne Schuhe und Jacke mitnehmen.

Sobald Bea merkt, dass es bald losgeht, wird sie unruhig. Erst ist es – vermutlich – die (unbegründete) Angst, nicht mitgenommen zu werden, weil ihre Schwester als erstes angezogen wird oder wir Sachen zum Mitnehmen an die Tür stellen und sobald sie Jacke und Schuhe angezogen bekommen hat, geht es ihr nicht schnell genug. Wie gesagt, mittlerweile braucht sie keinen solchen Grund mehr, um von einem Moment auf den nächsten laut schreiend in ihr Zimmer zu verschwinden.

10 Wochen bis...

Dass Beas Schwester, seitdem sie auf Windeln verzichtet, üblicherweise ein bis drei Mal pro Nacht ankommt und vom Töpfchen geholt werden will, ist nicht zu ändern. Ein paar Tage lang ist Bea allerdings auch aufgewacht, obwohl ihre Zimmertür geschlossen war und sie eigentlich einen recht tiefen Schlaf hat. Soweit ist das nicht schlimm, aber während sich ihre Schwester meist noch bis sieben oder acht Uhr problemlos wieder hinlegen lässt, ist eine wache Bea nicht so schnell zu beruhigen.

Nach einigen Monaten (oder war es mehr als ein Jahr?) Abstinenz, hat sie jetzt leider auch wieder angefangen, ihr Bett als Trampolin zu missbrauchen. Für die meisten Kinder ist das vollkommen normal, aber das sind normalerweise auch keine dreizehnjährigen. Auch wenn sie weniger Gewicht als die meisten Anderen ihrer Altersklasse hat, haben wir immer Angst, dass sie im nächsten Moment in den Trümmern ihres Bettes am Boden liegt.

Dazu muss man wissen, dass Bea in einem Hochbett mit Rutsche und Leiter schläft, der freie Fall wäre also erst nach etwa 1,50m zu Ende und nicht schon nach 20cm. Dieses Problem haben wir durch einen länger geplanten und jetzt tatsächlich umgesetzten kleinen Umbau gelöst. Das Bett ist modular und besteht aus einem normalen Bett und passenden "Stelzen". Letztere sind jetzt nicht mehr und das Bett steht unter einer schrägen Wand in ihrem Zimmer – und damit ohne ausreichende Höhe für Trampolinspielchen.

Wenn Bea einmal wach ist, schläft sie nicht so schnell wieder ein, sondern kann sehr ausdauernd spielen oder einfach bei ihrer Schwester im Zimmer auftauchen (um dort weiterzuspielen). Am nächsten Morgen ist sie selbstverständlich noch nicht einmal müde, und ja, in dieser Situation kam uns schon einmal der Gedanke: "Zum Glück ist das bald vorbei."

Beim Einkaufen ist es dann passiert: Bea hat einen Anfall, bei dem sie in sich zusammengesackt ist. Dabei hat sie leider mit dem Kopf den Boden getroffen. Als Erinnerung nimmt sie eine dicke blaue Lippe mit, die durch ihre Medikamente und deren blutverdünnenden Nebenwirkungen natürlich noch begünstigt wird. Nicht nur für sie ist es eine Ohnmacht: Wir stehen daneben und können nichts für sie tun, denn so schnell, wie sie umfällt, kann man sie gar nicht auffangen.

9 Wochen bis...

Ein Anruf von der Schule am späten Vormittag kann nichts Gutes bedeuten, entweder hat das eigene Kind etwas angestellt oder sich verletzt. Bei Bea ist das Erste schon alleine deswegen ausgeschlossen, weil sie nie absichtlich etwas anstellen könnte. Das ist leider kein Wunschdenken, sondern Realität: Mit dem Geist eines anderthalbjährigen Kleinkinds stellt sie zwar jede Menge Unsinn an, aber das Verständnis für richtig oder falsch fehlt ihr dabei völlig.

Als also um kurz vor zwei das Telefon mit der Schulvorwahl im Display klingelt, blieben nur noch zwei Möglichkeiten: Die Schule ruft wegen irgend etwas Belanglosem an, nicht ahnend, welche Befürchtungen Eltern in so einem Moment durch den Kopf spuken, oder Bea ist etwas passiert. Meist hat sie einfach so viele oder starke Anfälle, dass sie abgeholt werden muss.

Dieses Mal ist es etwas anderes: Bea hat sich in der Bewegungs-AG eine blutige Lippe geholt. Am Telefon ist eine Referendarin und ihrer Beschreibung nach sieht es in der Turnhalle aus wie nach einem Schlachtfest. Da man ihr aber die Unsicherheit anmerkt (und Bea im Allgemeinen ziemlich hart im Nehmen ist) ist es offensichtlich doch nicht ganz so schlimm.

Mama ist gerade auf dem Heimweg von der Arbeit und darf gleich umdrehen. Als sie dann in der Schule ankommt, ist Bea nicht nur wieder fit, auch der Lippe geht es wieder gut, es ist kaum noch etwas zu sehen und alle Zähne sind noch da, wo Zähne üblicherweise den lieben langen Tag verbringen sollten.

Bea hatte damit ihren ersten ganz normalen Schulunfall. Sie ist nicht etwa bei einem Anfall gestürzt, sondern wurde ganz simpel von einer großen Matte "erschlagen". Zu ihrem Pech war auf der anderen Seite eine Wand und so gab es einen Wand-Bea-Matten-Burger und eben etwas menschlichen Ketchup. Wie herrlich normal ist das? Ihr erster echter, normaler Schulunfall!

Dass wir uns ein Stück weit darüber freuen können, mag verwundern, aber erstens geht es Bea schon wieder gut, als sie zu Hause ankommt und zweitens hat sie normalerweise, wenn sie aus der Schule abgeholt werden muss, entweder eine leichte Erkältung oder liegt im Krankenhaus. Dazwischen gibt es bei ihr nichts. Keine Kinderkrankheiten, kein dem-Kind-gehts-mies-und-es-will-zu-Hause-gepflegt-werden-und-kann-deswegen-nicht-in-die-Schule, sondern immer nur das eine oder andere Extrem.

Etwas über einen Monat ist der Antrag für Beas "Eingliederungshilfe" her und endlich kommt eine erste Reaktion von der zuständigen Behörde. Gestern haben wir ein umfangreiches Antragsformular für sie bekommen – bei dem 80% gar nicht zutreffend sind, denn sie ist (zumindest so weit wir wissen) weder verheiratet noch hat sie Kinder oder einen Job.

Im Endeffekt waren die letzten Wochen also sinnlos vergeudete Zeit, aber ursprünglich hieß es, der Antrag müsste nur formlos gestellt werden – ansonsten hätten wir diesen Stapel Papier schon damals ausgefüllt. Bleibt die Hoffnung, dass der Platz lange genug für Bea frei gehalten werden kann, bis die deutschen Behördenmühlen zu Ende gemahlen haben, denn sonst stehen wir wieder am Anfang.

8 Wochen bis...

Alles hat zwei Seiten, doch manchmal gefällt einem keine von beiden. So ist es auch bei Beas anstehendem Umzug. Wenigstens gibt es endlich etwas Neues zu berichten.

Die Wohngruppe kann den Platz nicht mehr lange für Bea freihalten. Sie haben derzeit ein Kind weniger als es normalerweise der Fall ist und trotz aller Menschlichkeit steht hinter der Einrichtung ein Unternehmen, das seine Kosten decken muss – und das klappt nicht, wenn die wenigen Plätze nicht voll besetzt sind. Wir können ihnen das noch nicht einmal übel nehmen, aber tragisch wäre der Verlust des Platzes für uns trotzdem.

Doch endlich geschieht Etwas: Die "Bedarfsfeststellung" ist abgeschlossen. Eine weitere Behörde hat bestätigt, was die vielen anderen vor ihr schon festgestellt haben: Bea ist krank und nicht "normal". Das ist eine durchaus überraschende Feststellung, wenn man bedenkt, dass sie in einem Kindergarten war, der Kinder nur nach eingehender (behördlicher) Untersuchung aufnehmen darf, auf einer eben solchen Schule, offiziell 100% schwerbehindert ist und eine Pflegestufe hat, die alle sechs Monate bestätigt werden muss. Es ist also wirklich eine Überraschung, dass ein solches Kind nicht "normal" ist.

Egal, nun steht amtlich fest, dass sie nicht von ihrem "Ehemann" gepflegt werden kann und in ihrem "Beruf" über kein ausreichendes Einkommen verfügt, um die Pflege selbst zu tragen. Ja, diese Fragen muss man einer dreizehnjährigen stellen! Ebenso wie die Frage, ob ihre Kinder vielleicht helfen können. Naja, wenigstens blieben ihre Enkel unbehelligt...

Doch jetzt liegt das alles hinter uns, denn alles ist genehmigt. Alles? Nein, wir sind in Deutschland und hier ist nichts einfach. Es fehlt noch ein Einzelplatzbetreuungskostenübernahmedingsbums zwischen der lieben kommunalen Eingliederungsstelle und der Wohngruppe.

Natürlich sollten Kinder – insbesondere solche wie Bea mit besonderen Bedürfnissen – nicht zu Jedem gegeben werden, der über ein Konto zum Empfang der Zahlung verfügt (wie es uns in US-Filmen regelmäßig gezeigt wird), aber diese Gruppe besteht seit fast 20 Jahren und die ganze Zeit über wurden dort Kinder professionell betreut. Das alles sollte den Verantwortlichen eigentlich bekannt sein, aber wir leben in Deutschland und hier muss alles seine Ordnung haben.

Bea ist der Platz also nahezu sicher und wir haben die ganze Zeit vermieden, an die Folgen zu denken, derzeit ist das alles für uns ein reiner Verwaltungsakt, so schotten wir uns unbewusst von der Realität ab – bis der große Hammer kommt und wir uns (wieder) auch emotional damit auseinandersetzen müssen.

Auf der anderen Seite braucht man für so ein Antrag auch ein gutes Stück Abstand, um all die Telefonate, Nachfragen und Formulare zu bewältigen. Es bleibt abzuwarten, wie viele Steine uns noch in den Weg gelegt werden.

7 Wochen bis...

Heute war Beas Kontrolltermin beim Neurologen. Sind keine Neuigkeiten immer gute Neuigkeiten?

Selbst trotz aller elterlichen Blauäugigkeit müssen wir feststellen, dass Bea nachlässt. Ihr Gleichgewichtssinn wird wieder schlechter, die Koordination lässt langsam nach und ihre Gefühlsausbrüche werden intensiver und häufiger. Das alles liegt noch im Rahmen, die Unterschiede sind minimal, aber leider nicht mehr zu übersehen.

Im Alltag zeigen sich noch keine Auswirkungen, denn beim Anziehen – ganz gleich, ob es sich um normale Kleidung oder Jacke und Schuhe handelt – brauchte sie immer schon Hilfe, mit einer kurzen Ausnahme, bei der sie einige Wochen lang ihre Schuhe alleine anziehen konnte.

Trotzdem – sie lässt nach, es ist nicht zu übersehen und noch schwerer als die Tatsache, dass es so ist, wiegt die Aussicht auf die Zukunft. Was ist, wenn nicht nur ihre motorischen Fähigkeiten nachlassen. Was ist, wenn die Probleme sich verstärken? Wird sie zu einem immobilen Pflegefall, der sein Leben in Bett und Rollstuhl zubringen muss? Wird ihr Kopf auf Dauer die Grundfunktionen ihres Körpers wie zum Beispiel die Atmung kontrollieren können...? Das sind Dinge, die einem unweigerlich in den Kopf kommen, aber an die man gar nicht denken möchte.

Bald wird sie uns verlassen, (noch) nicht wegen ihres gesundheitlichen Zustands, sondern weil wir die Pflege nicht mehr leisten können. Dabei ist es gar nicht die körperliche Pflege, wie sie auch ein Pflegedienst weitgehend übernehmen könnte, sondern die Belastung, mit ihren Launen und Gefühlsausbrüchen zurechtzukommen.

Diese Ausbrüche sind noch nicht einmal ihre Schuld, sondern – wie wir kürzlich lernen mussten – Schaltungsprobleme ihres Gehirns. Sie kann nichts dafür und nichts dagegen machen. Es ist fast schon ein Glück, dass sie geistig immer noch so jung ist, denn dadurch wird die Welt für sie einfacher.

Sie scheint wirklich einfach in den Tag hinein zu leben, die Erwachsenen um sie herum kümmern sich schon um sie und sagen ihr, was als Nächstes gemacht wird. Dabei sind ihre Rituale natürlich wichtig: Wenn das normale Morgenprogramm abläuft, kommt gleich ihr Schulbus.

Abweichungen sind gar nicht gut, aber wenn sie morgens nicht früh geweckt und für die Schule fertig gemacht wird, dann ist das eben so. Ob sie fünf Mal pro Woche zur Schule geht und 2 Mal pro Woche nicht oder auch mal ein paar Wochen am Stück ohne Schule verbringt – sie scheint das nicht zu stören. Ebenso bei Kleinigkeiten: *Leite mich und ich folge.*

Medizinisch gibt es also nichts Neues, ein weiterer Spezialist wird hinzugezogen und wir müssen sie irgendwann vielleicht wieder einmal in einer anderen Klinik vorstellen. Zusätzlich setzen wir ein Medikament langsam ab. Vielleicht hilft das, vielleicht wird es ohne die Medizin einfach nicht schlimmer. Wenn es schlimmer wird, lässt sich der momentan halbwegs stabile Zustand aber auch mit der alten Dosierung möglicherweise nicht mehr wiederherstellen. Das sind tolle Aussichten, aber leider bleibt uns keine Alternative.

Langsam, aber unterschwellig wächst bei uns einfach die Angst, ihre weiteren Rückschritte irgendwann nicht mehr mit ansehen zu können und sie dann – wenn ihre tägliche Betreuung sichergestellt ist – ungewollt zu vernachlässigen.

Ausgerechnet jetzt hat Bea wieder einen schweren Anfall, einen der nur mit Diazepam zu stoppen ist. Sie in die Kinderklinik zu bringen, wäre sinnlos, denn sobald sie ausgeschlafen hat, sind die nächsten Tage wieder anfallsfrei und meist gehen auch die kleinen Anfälle erst einmal wieder zurück. Trotzdem verlässt sie die nächste Zeit nicht das

Haus, ohne dass mindestens eine Portion des Notfallmedikaments dabei ist.

94

6 Wochen bis...

Plötzlich ist ein "rums" zu hören. Die Kids spielen, und da fällt auch mal etwas runter. Also keine Panik, kein Grund einzuschreiten, der sich allerdings schlagartig einstellt, als der Ruf "Diazepam!" ertönt.

Gefallen ist keine Spielzeugkiste, sondern Bea. Sie liegt am Boden und hat leichte Zuckungen, wie man sie von einem Epileptiker erwartet, dazu läuft sie langsam blau an. Anscheinend ist die Atmung wieder betroffen. Einen Moment später ist alles vorbei: Das Notfallmedikament entfaltet seine Wirkung und unser Kind liegt selig grinsend im aufkommenden Diazepam-Rausch auf dem Wickeltisch.

Wir sind – leider – auch mit diesen schweren Anfällen so erfahren, dass im Fall der Fälle ein Ruf reicht, um fast schon einen Automatismus in Gang zu bringen: Einer legt Bea hin (soweit der Anfall das nicht schon erledigt hat), und bereitet sie für die Verabreichung vor und der andere sprintet zum Kühlschrank, holt das Medikament und öffnet es auf dem Weg zu Bea. Keine Diskussionen, kein Nachfragen, einfach nur möglichst schnell den Anfall beenden, nur darum geht es, nichts anderes.

Erst wenn die Medi verabreicht und Bea einschläft, kommen die ersten Gedanken durch. So haben wir sie noch nie vorher gesehen, bisher waren ihre Anfälle – auch die schweren – immer nur durch eine vollkommene Muskelentspannung gekennzeichnet, nie durch Zuckungen, auch wenn diese nur ganz leicht waren.

Ihre Schwester ist zwar erst drei und kann ganz schön frech sein, aber sie merkt auch, wann sie besser zurückstecken sollte. Ließ sie sich beim Anfall noch mit recht wenig Gegenwehr in ihr Zimmer schicken (denn diesen Anblick ihrer Schwester wollten wir ihr ersparen), kommt sie auf Papas Rufen sofort an, als er mit Bea auf dem Arm vor Beas Bett steht, auf dem Kopfkissen und Bettdecke wie immer kreuz und quer liegen, und schiebt das Kopfkissen an die richtige Stelle und die Decke vom Bett, so dass Papa Bea in ihr Bett legen kann, damit sie ihren Rausch ausschläft.

Was ist das jetzt schon wieder, wieder eine neue Anfallsart? Es wäre die Vierte bisher. So kurz hintereinander zwei so schwere Anfälle zu haben, ist absolut untypisch für Bea, auch wenn sie in dem letzten Tagen bei den kleineren Anfällen stark zugelegt hat. Es hört sich im Rückblick logisch an, dass sie den ganzen Morgen über alle paar Minuten kleine, leichte Minianfälle hatte – Sie Anzusprechen reichte dabei meist schon, um sie zurückzuholen – aber es war wohl eher Zufall, dass beide zusammen auftraten, denn die schweren Anfääle stehen in keinem Zusammenhang mit den Kleinen.

Wie soll es jetzt weitergehen? Bisher konnte sie recht zuverlässig alleine in ihrem Zimmer spielen und auch die Treppe war kein Problem, aber wenn die Anfälle jetzt so häufig und schwer auftreten, bleibt wohl wirklich nur noch eine lückenlose Beobachtung.

Es klingt hart, grausam und nach Rabeneltern, aber zur Zeit hoffen wir jeden Tag auf Post von der zuständigen Stelle mit der Bestätigung ihres Platzes in der Wohngruppe, um endlich die Verantwortung abgeben zu können, wobei wir aktuell nicht einmal mehr sicher sind, ob die Gruppe das Betreuungslevel überhaupt erbringen kann, das Bea derzeit benötigt. Auf der anderen Seite können wir es uns immer noch nicht vorstellen, unser Kind einfach so dort abzuliefern, wie ein Paket bei der Post. Tagsüber ist sie normalerweise in der Schule, da werden wir wohl keinen Unterschied bemerken, aber Morgens und ab dem Nachmittag, wenn sie eigentlich zu Hause sein sollte?

5 Wochen bis...

Bea hatte auch ein ruhiges Wochenende, was schon deswegen bemerkenswert ist, weil sie sich an den letzten beiden Wochenenden jeweils eine Dosis Diazepam geholt, also einen entsprechend schweren Anfall hatte, der den Einsatz des Notfallmedikaments notwendig machte. Wir hatten eigentlich schon wieder damit gerechnet. Sie wollte erst nicht frühstücken – genau wie letzten Sonntag vor dem Anfall – hat sich dann aber doch noch gefangen. Ihre kleinen Anfälle treten derzeit viel häufiger, aber auch viel schwächer auf als sonst, manchmal nur für ein paar Sekunden und manchmal ist es selbst für uns schwer zu beurteilen, ob sie gerade einen hat oder nicht, weil die Anzeichen nur ganz schwach zu sehen sind.

Das kann jetzt ein gutes oder ein schlechtes Zeichen sein, denn auch vor dem letzten schweren Anfall hatte sie viele kleine. Wir hoffen das Beste und warten ab (etwas anderes bleibt uns ohnehin nicht übrig), vielleicht ist es auch eine positive Reaktion auf die Reduktion ihres Lamotrigin, eines der Dauermedikamente. Letzten Montag haben wir angefangen, ihre Morgen-Dosis um 25% zu reduzieren, jetzt ist auch die Abend-Dosis reduziert und in sechs Wochen werden wir es (ersteinmal) los sein.

Leider hat sich wieder einmal ziemlich klar gezeigt, dass die Wohngruppe auch für sie wohl das beste ist. In ihrem Zimmer zu spielen ist derzeit gar nicht angesagt, dann steht sie lieber in Wohnzimmer oder Küche herum und schaut uns zu. Soweit ist das kein Problem, allerdings sind es genau diese Phasen der geringen geistigen Belastung, die beste Bedingungen für ihre Anfälle schaffen. Ihre Schwester lässt sich dann anstecken und ist auch nicht zum Spielen zu überreden, aber in der Wohngruppe gibt es viele andere Kinder, die Bea hoffentlich mehr mitziehen. Denn wenn sie spielt oder anderweitig konzentriert ist, ist alles in Ordnung und sie ist quasi anfallsfrei.

An solchen Tagen erschreckt uns der Gedanke, sie wegzugeben. Eigentlich ist es nicht der Gedanke selbst, sondern die Erkenntnis, dass es uns gerade nicht viel ausmachen würde.

Wir befinden uns in einer "großartigen" Situation: Entweder fühlen wir uns mies bei dem, was wir in die Wege geleitet haben, weil wir sie lieben und nicht weglassen wollen oder wir fühlen uns mies wegen der Erkenntnis, dass ihr dort im Alltag und in der Pflege weit mehr gegeben werden kann, als wir (noch) leisten können.

Viele Fragen gehen uns durch den Kopf: Ist es besser für sie oder ist es einfach nur unsere Bequemlichkeit? Sind wir deswegen gute oder schlechte Eltern? Was haben wir falsch gemacht oder hätten wir überhaupt etwas anders machen können? Ist die Entscheidung zu früh, zu spät oder ist der Zeitpunkt im Endeffekt egal?

Wir ertappen uns bei der einen oder anderen gedanklichen Planung für die Zeit ohne Bea – und fühlen uns dann schuldig, auch weil wir mit ihrer Schwester alleine viel mehr unternehmen können, was in den letzten Jahren nicht denkbar war, zum Beispiel einen Restaurantbesuch genießen.

4 Wochen bis...

Bea geht ganz normal durchs Haus – und stolpert plötzlich. Das passiert gelegentlich, weil das Gleichgewicht dabei ist, sich zurückzuentwickeln, aber diesmal steht sie danach einfach so da und hat einen ihrer gefürchteten schweren Anfälle – der mittlerweile Dritte in etwas mehr als drei Wochen.

Also das übliche Programm: Das Kind läuft blau an, zuckt leicht, wird mit Diazepam "abgeschossen" und schläft seinen Rausch aus. So normal ist das schon für uns geworden, dass es irgendwie erschreckend ist.

Die zuständige Stelle hat jetzt alle notwendigen Unterlagen beisammen und rechnet mit einer endgültigen formellen schriftlichen Zusage im Laufe der nächsten Woche. Beas Umzug steht damit in den nächsten zwei Wochen an – und wir wissen immer noch nicht, wie wir uns dabei fühlen sollen.

Montag früh bis Donnerstag Nachmittag verbringt Beas Klasse fernab von zu Hause (auch wenn es nur etwa 30 Autominuten sind). Was sie in der Zeit unternehmen, erfahren wir traditionell erst bei der irgendwann folgenden Präsentation der Klassenfahrt-Fotos im Rahmen eines Elternabends. Da Bea nicht sprechen kann, kann sie auch nichts von ihrer Klassenfahrt erzählen und auch nicht, ob es ihr gefallen hat.

Früher waren Beas Klassenfahrten für uns immer ein bisschen Urlaub vom Kind: Ausschlafen (soweit die Arbeit das zulässt), manchmal Essen gehen, vielleicht sogar Kino... alles Dinge, die normalerweise nicht möglich sind.

Da ihre Schwester noch zu Hause ist, gibt es bei dieser Klassenfahrt kaum einen Unterschied zu einer normalen Woche, abgesehen von einem Restaurantbesuch Montagabend.

Mit ihrer Schwester im Restaurant ist es, wie man sich einen Restaurantbesuch mit einem Kleinkind vorstellt: Etwas Quengelei, Ungeduld und das vorher ausgesuchte Essen ist auf einmal nicht mehr gewollt. Bea dagegen kann nicht selbst sagen, was sie essen möchte (also versuchen wir etwas auszusuchen, was sie gerne isst) und in fremder Umgebung, mit vielen fremden Leuten, isst sie sowieso selten etwas, wird aber schnell unruhig. Ihre Unruhe steigert sich proportional zur Wartezeit auf das Essen, bis schließlich alle anderen fertig sind oder die Rechnung da ist.

Die drei Tage Klassenfahrt (der Donnerstag zählt nicht, denn abgesehen vom Morgen, ist er wie ein normaler Schultag) sind nicht großartig anders, als solche ohne Klassenfahrt, denn Beas Schwester hat jeden Tag Kindergarten und damit sind Abweichungen vom normalen Tagesablauf ohnehin Grenzen gesetzt. Erschreckt hat uns allerdings, dass wir Bea eigentlich nicht vermissen. Zum Teil ist das bestimmt auch der Klassenfahrt geschuldet, denn sie ist gerne in der Schule und in der Klasse gut aufgehoben. Klassenfahrten hatten wir im Schnitt eine pro Jahr, vorher schon Kindergarten- und Schulübernachtungen, anfangs haben wir jedes Mal mit dem Anruf "Bea muss abgeholt werden" gerechnet. Die Kindergarten-Betreuer und später Lehrer waren da optimistischer – und haben bis heute immer Recht behalten.

Ist das ein gutes oder schlechtes Zeichen? Ist es einfach nur die gewohnte Sicherheit der Klassenfahrt oder leben Bea und wir einfach nur noch nebeneinander her? Wie wird es, wenn der Auszug ansteht?

3 Wochen bis...

Ein Sonntag zum Ausspannen mit ausführlichem späten Frühstück. Bea sitzt erwartungsfroh am Tisch und als es dann endlich losgeht, zieht sie zickend in ihr Zimmer ab – ohne dass ein Grund erkennbar wäre. Beruhigen kann man sie in solchen Momenten nicht, also versuchen wir es gar nicht erst (das endet sonst nur in fliegendem Geschirr, Besteck, Essen, einer weinenden Schwester und zwei genervten Eltern). Allerdings war diese Art der Frühstücksverweigerung in den letzten Wochen immer ein Vorbote eines schweren Anfalls.

Irgendwann kommt sie wieder, verputzt zwei Eierkuchen (derzeit die beste Möglichkeit, größere Mengen an Kalorien in sie hinein zu bekommen) und alles ist wieder in Ordnung, allerdings leider nur für kurze Zeit. Sie steht nach dem Frühstück in der Wohnzimmertür, geht, nein taumelt zwei, drei Schritte, als wäre sie stockbetrunken, und fällt um.

Mama läuft zum Kind, Papa zum Kühlschrank – dort wird das Diazepam gelagert und es war schon ziemlich klar, dass es wieder zum Einsatz kommen muss. Medikament rein, Kind ruhig... soweit die Theorie, aber das Zeug wirkt nicht. Die scheinbare Sicherheit des Notfallmedikaments bricht in Sekunden zusammen – mehr können wir nicht machen. Das Diazepam ist verschreibungspflichtig, noch stärkeren Stoff haben wir nicht im Haus und selbst wenn es so wäre dürften wir ihn ohnehin nicht selbst anwenden.

Nach ein paar endlos wirkenden Sekunden sind wir kurz bei dem Gedanken, einen Notarzt zu rufen, allerdings ist uns auch klar, dass die Geschichte so oder so vorbei ist, bevor er da ist. Bei sonntäglich freien Straßen dauert es vermutlich etwa fünf bis zehn Minuten, bis der Arzt eintrifft, entweder ist der Anfall bis dahin vorbei, oder der Sauerstoffmangel hat seinen Tribut gefordert...

Mama fordert eine weitere Dosis Diazepam an – so schlimm die Anfälle auch sind, aber die Regelmäßigkeit mit der sie in letzter Zeit auftreten hat ihr anscheinend sehr viel Sicherheit und Ruhe gegeben. Damals, bei Beas allerersten schweren Anfällen war sie teilweise unentschlossen, unfähig eine Entscheidung zu treffen, jetzt setzte sie ihre medizinische Erfahrung ein, um richtig zu reagieren. Die Alu-Verpackung der letzten gekühlten Dosis ist schon aufgerissen, als die erste endlich wirkt und eine doppelte Gabe glücklicherweise überflüssig macht.

Bea schläft wie gewohnt ihren Rausch aus und ist zum Abendessen wieder wach, aber dieser Vorfall ist dennoch wieder einmal erschreckend. Letztes Wochenende wäre sie "im Rhythmus" gewesen, eine Woche länger Anfallsfreiheit war schon ein positives Zeichen und macht uns Hoffnung auf Besserung – allerdings hat die lange Auszeit dem Anfall anscheinend nur mehr Stärke verliehen.

Vor ein paar Monaten haben wir uns noch die Frage gestellt, ob Beas baldiger Umzug die richtige Entscheidung ist, mittlerweile sind wir (ziemlich) sicher, allerdings drängt sich jetzt die Frage auf, ob die Wohngruppe mit diesen Anfällen umgehen kann. Können die anderen Kinder die Anzeichen richtig interpretieren, um so schnell wie möglich Hilfe zu holen? Können und wollen die Bgetreuer diese Art der medizinischen Notfallversorgung erbringen? Oder kommt Bea bald wieder zurück und die Suche geht von vorne los?

Auf ihre Schwester ist in solchen Situationen verlass. Erst lässt sie sich widerstandslos aufs Sofa schicken, denn in diesem Zustand ist Beas Anblick für ein kindliches Gemüt mit Sicherheit nicht unbedingt das Beste und danach hat sie Mama und Papa geholfen, Bea zum Ausschlafen hinzulegen.

Danach haben wir sie natürlich gelobt und in den Arm genommen und dabei hat sie uns nochmal geholfen, denn diese Momente geben uns Halt und Kraft. Wir wissen nicht, was passieren würde, wenn sie jetzt auch noch die gleichen Krankheiten wie Bea ausbilden würde. Wahrscheinlich würde die neue, zusätzliche Belastung uns letztendlich sogar stärken – oder aber zusammenbrechen lassen.

2 Wochen bis...

Post von der Kommune! Sollte das endlich die lang erwartete Zusage sein? Oder wollen sie wieder noch mehr Unterlagen haben? Mitnichten, keines von beidem!

Da Bea jetzt ja schon einige Zeit in der Wohngruppe ist, würden sie sich mit Regionsvertreter und Amtsärztin gerne ein Bild davon machen und sie besuchen. Wir sollten – falls möglich – auch dabei sein.

Grundsätzlich haben wir nichts gegen eine Kontrolle und sofern es sich einrichten lässt, kommen wir auch gerne dazu (immerhin gab es bisher bei jedem Termin in der Wohngruppe Kaffee), allerdings gibt es ein kleines Problem: Entweder haben wir seit dreizehn Jahren eine Zwillingsschwester übersehen oder Mama, Papa und Beas Schwester leiden an Halluzinationen, denn als der Brief kommt, sehen wir Bea gerade im Garten spielen – bei uns zu Hause.

Da Behörden und Ämter immer Recht haben, muss es wirklich eine Illusion sein und Bea ist längst in der Wohngruppe. Auch bilden wir uns nur ein, dass wir seit geschlagenen drei Monaten auf die Zusage warten. Allerdings handelt es sich ja auch nur um ein beschleunigtes Verfahren, wie lange dauert dann erst eine normale Prüfung und Genehmigung? Für eine Rückfrage ist der Absender natürlich telefonisch nicht zu erreichen. Mal schauen, vielleicht gibt es einen Bea-Klon, von dem wir nichts wissen?

Ein paar Tage später ruft die Wohngruppe an, denn dort ist jetzt endlich die Bestätigung der Kostenübernahme eingetroffen, Bea kann also umziehen und zwar – laut Schreiben – zu einem Datum, das bereits drei Wochen in der Vergangenheit liegt. Ein dummer Scherz auf Kosten der strapazierten Nerven der antragstellenden Eltern? Vermutlich eher der normale Arbeitsablauf beim deutschen Amtsschimmel.

Jetzt ist er also da, der Tag, den wir mit sehr gemischten Gefühlen seit drei Monaten erwarten. Ein Umzugstermin steht noch nicht genau fest, aber nächste Woche wird es soweit sein, spätestens am Freitag zieht unsere "Große" aus und um. Ein sehr komisches Gefühl.

Am Anfang stand die Entscheidung, Bea gehen zu lassen, die uns nicht leicht gefallen ist, danach war es ein Verwaltungsakt mit Papierkrieg und ewigem Nachfragen. In dieser Zeit haben wir das Ganze mehr oder weniger emotional ausgeblendet, denn es war nur Papier, das hin und her geschickt wurde, ein paar Formulare ausfüllen, viele Kopien machen, darüber schmunzeln, dass Beas Ehemann sein Einkommen offenlegen soll (bei einer dreizehnjährigen! Zumindest soweit wir wissen, ist sie noch Single und wird das vermutlich auch lebenslang bleiben, wenn sie sich nicht emotional und geistig extrem weiterentwickelt) und sich schließlich über das ärgern, was die Ämter unter einer "schnellen Bearbeitung" verstehen.

Jetzt ist das alles erledigt und wir haben – glaube ich – noch nicht richtig realisiert, was das bedeutet, genauer gesagt, was es für nächste Woche bedeutet – und die ist gar nicht mehr so fern.

Ganz nebenbei, sind wir ziemlich entsetzt über den ganzen Vorgang. Bei Bea war die Dringlichkeit geboten, damit der Platz nicht anderweitig vergeben wird, aber was wäre, wenn sie wegen Misshandlungen hätte umziehen müssten? Man darf sich das gar nicht vorstellen: Wenn sich vor drei Monaten ein Kind an eine Vertrauensperson gewendet und diese sofort und richtig reagiert hätte, dann hätte es noch drei Monate zu Hause aushalten müssen? Nein, da darf man gar nicht drüber nachdenken.

Momentan sind wir eigentlich auch ein wenig froh über den anstehenden Umzug, denn Bea hat wieder verstärkt "Umfälle". Dabei hat sie einen Anfall, der sie selbst aus dem Gleichgewicht bringt, doch ihre Reflexe reichen gerade noch aus, um ein, zwei Schritte zu machen in dem Versuch, das Gleichgewicht wiederzuerlangen, aber meist ist es dann mit der Koordination vorbei und sie liegt am Boden.

Draußen auf dem Rasen ist das kein größeres Problem, aber im Haus kann es schnell zu ernsthaften Verletzungen führen. Vor ein paar Tagen hat es sie auf der Treppe "erwischt", aber glücklicherweise waren es nur drei Stufen und sie ist – anscheinend – fast gar nicht schmerzempfindlich. Wenn die Geschirrspülmaschine offen ist, muss sie schon seit längerem mindestens eine Körperlänge Abstand halten, denn wenn sie umkippt und womöglich in den Besteckkorb fällt, sind Kind und Maschine kaputt.

Papa steht Abends gerade in der Küche beim Kochen, da kommt aus dem Wohnzimmer der Ruf: "Diazepam!" dem prompt ein Sprint zum Kühlschrank folgt, die vorletzte Alupackung greifen, auf dem Weg ins Wohnzimmer öffnen und zur Anwendung vorbereiten. Dort liegt Bea in einem ihrer "schweren" Anfälle und kommt diesmal auch nach der Diazepam-Dosis nicht recht raus. Es dauert gefühlt ein oder zwei Minuten, bis die ärztlich verordneten Drogen vollständig wirkten und sie wieder halbwegs normal ist. Essen will sie jetzt natürlich nicht mehr, sondern nur noch ins Bett und auf der vorletzten Stufe kommt dann anscheinend die volle Wirkung durch.

Jeder, der schon einmal einen kräftigen Rausch hatte, kann sich vielleicht ansatzweise vorstellen, wie es ihr in diesem Moment geht, nur mit dem Unterschied, dass die Wirkung bei ihr nicht nach und nach mit jedem Glas zunimmt, sondern anscheinend von einer Sekunde auf die andere mit voller Wucht kommt.

Doch wir kennen das schon: Mama steht daneben und ist vorbereitet, also ist nichts weiter passiert, außer vielleicht, dass sie morgen früh nicht mehr wissen wird, wie sie ins Bett gekommen ist. Erschreckenderweise ist das bei Kindern in ihrem Alter mittlerweile gar nicht mehr so unüblich, wenn auch aus anderen Gründen.

Letzte Woche

Bea muss von der Schule abgeholt werden: Ein Anfall, bei dem sie wieder einmal umgefallen ist, reicht aus, um ihrem Kopf eine unsanfte Begegnung mit dem Fußboden zu beschehren. Als Souvenir hat sie sich eine dicke Beule am Hinterkopf eingefangen, ist aber ansonsten ohne Beschwerden.

Ein Tag später ruft die Schule wieder an: Bea ist beim Sportfest gestürzt und hat irgend etwas mit dem Fuß/Gelenk/Unterschenkel, so genau lässt sich das momentan noch nicht sagen. Normalerweise ist sie extrem schmerzunempfindlich, ganz gleich, was ist – sobald der Schreck vorbei ist, macht sie weiter, als wäre nichts gewesen (so auch am Vortag nach der Beule).

Trotzdem geht es zum Röntgen, aber das ist glücklicherweise ergebnislos, nichts ist gebrochen. Trotzdem scheint ihr jede Berührung am – jetzt bandagierten – Fuß weh zu tun.

Bea ist normalerweise sehr lebensfroh und viel in Bewegung. Meist ermutigen wir sie dazu, denn wenn sie gerade spielt oder sich beschäftigt, hat sie viel weniger Anfälle – und jetzt kann sie nur rumsitzen. Jeder Versuch, aufzustehen, endet zwangsweise auf dem Boden und zwar in dem Moment, in dem sie den Fuß belasten muss – es scheint ihr wirklich weh zu tun, aber sie vergisst den kranken Fuß und versucht es deswegen alle viertel oder halbe Stunde wieder.

Ein für morgen geplanter Arztbesuch zur Blutentnahme wurde spontan um eine Nachuntersuchung des Fußes erweitert. Blutbild, Leberwerte, Medikamentenspiegel, einmal das volle Programm – hoffentlich bleibt da noch genug Blut für Bea übrig. Wenn der Arzt einverstanden ist, steht morgen auch der Umzug an, aber daran versuchen wir jetzt nicht zu denken.

Klamotten-Kisten und Spielzeug stehen schon hier fertig gepackt – aber trotzdem ist es noch unwirklich.
Wir können uns nicht vorstellen, sie einfach dort "abzuliefern". Das Paket ist abgegeben, die Unterschrift abgeholt und weiter zum nächsten Tagesordnungspunkt? Abwarten, mehr bleibt nicht.

Tag 0

Der Tag beginnt schon ungewöhnlich, denn anstatt regulär zur Schule zu fahren, darf Bea ihre Schwester mit in den Kindergarten bringen und danach geht es zur angekündigten Blutentnahme. Glücklicherweise kann sie schon wieder ein wenig laufen, wenn auch noch etwas humpelnd.

Der Kinderarzt hat keine Einwände, also geht es weiter in die Schule, allerdings im elterlichen Auto und nicht im Schulbus, denn wenn der seine Tour fährt, ist die Kinderarztpraxis noch längst nicht geöffnet.

Als Bea aus der Schule zu Hause ankommt – dieses Mal mit dem Schulbus – geht es los: Erst zum Kindergarten, die kleine Schwester einfangen und dann weiter zur Wohngruppe. Den ganzen Tag über hat sie verstärkt Anfälle und auch während der Autofahrt vergehen keine fünf Minuten ohne Anfall, darunter ein ziemlich intensiver, nach dem sie einige Minuten braucht, um sich wieder zu erholen.

Worum es heute geht, dürfte ihre Vorstellungskraft übersteigen, aber können wir sie in diesem "Zustand", mit so vielen Anfällen überhaupt guten Gewissens zu Leuten geben, die sie noch (fast) gar nicht kennen, die Anzeichen nicht interpretieren und die Anfälle nicht einschätzen können? Wieder einmal kommen Zweifel auf und auch ein wenig Erleichterung, die Anfälle und die Verantwortung in ein paar Stunden los zu sein.

Am Ziel angekommen, ist für Bea alles irgendwie interessant, schnell nimmt sie ihr neues Zimmer und Bett in Beschlag und kuschelt sich erstmal hin, während wir ihre Sachen aus dem Auto holen. Zwei große Umzugskartons, eine Reisetasche, eine Spielzeugkiste, ihr Lieblingsrucksack – das ist das Leben unserer "Großen".

Alles geht so schnell, so selbstverständlich und lässt erstmal keine Zeit für Emotionen, zumindest bei Mama und Papa. Bea ist zufrieden mit dem Bett und ihre Schwester spielt mit den anderen Kindern.

Während die Kinder beschäftigt sind, bringen wir das Übergabegespräch hinter uns: Was isst sie gerne und was gar nicht, welche Medi's braucht sie wann, wie ist das mit Einschlafen und Aufstehen, Windelbestellung, Ärzten und Schule. Unser Kind – auf einer A4-Seite zusammengefasst. Erzählt haben wir die meisten Dinge schon mindestens hundertmal: Bei Ärzten, Therapeuten, im Kindergarten und in der Schule oder bevor sie bei dem Großelten übernachtet hatte, das war auch gar nicht das Problem, eher Routine.

Nach wie vor haben wir leichte Probleme mit der Sortierung aller Informationen, nicht alles Wichtige kommt in der richtigen Reihenfolge, aber die Betreuer haben Erfahrung und die richtigen Fragen parat – zum Schluss haben wir zumindest nichts Wichtiges vergessen.

Weh tun dagegen die Rückfragen, eigentlich Selbstverständlichkeiten und gar nicht böse gemeint, aber in diesem Moment wird uns auch innerlich langsam klar, dass es keine Schulübernachtung, Klassenfahrt oder ein kinderfreies Wochenende ist, sondern ein Umzug. Für immer.

Ein halbwegs erwachsenes, weitgehend selbstständiges Kind loszulassen, muss schwer sein, aber ein Kind gehenzulassen – sogar aktiv wegzubringen – das permanente Pflege brauchte und das sich im Laufe der letzten dreizehn Jahre kein bisschen "abgenabelt" hat, zerreißt einem das Elternherz.

Bea blättert gerne Zeitschriften durch, die Bilder oder Texte sind ihr egal, einfach nur das Blättern findet sie gut. "Sie bekommt ja Taschengeld, davon kann sie sich dann welche kaufen" – Tiefschlag. Unbeabsichtigt stellte die Erzieherin damit klar: Sie gehört jetzt uns, Du hast jetzt nichts mehr zu sagen, was ihr Leben angeht.

"Wollen Sie Kontakt mit ihr halten" – der nächste Volltreffer. Wir wollen sie gar nicht gehen lassen, aber in der Gruppe sind auch Kinder, deren Eltern es nicht verkraften, ein behindertes Kind zu haben und gesunde Kinder, bei denen die Verhältnisse zu Hause den Umzug erforderlich gemacht haben.

"Wir müssen sie in den nächsten zwei Wochen erstmal kennenlernen" – noch einer, die nächsten zwei Wochen werden wir sie nicht sehen, wahrscheinlich eher noch länger, dann besprechen wir "Besuchszeiten", an denen sie nach Hause kommen darf. "Nach Hause" ist auch nicht mehr richtig, sie ist ja jetzt zu Hause. In ihrem neuen zu Hause.

Nach etwas mehr als einer Stunde ist alles gelaufen, (hoffentlich) alle wichtigen Informationen ausgetauscht und der Abschied steht an. Papa schafft es nicht, Bea in den Arm zu nehmen oder ihrer Schwester zu sagen, dass sie sich verabschieden soll, kann ihr nicht mehr sagen, dass er sie lieb hat, auch wenn sie es vermutlich gar nicht verstehen würde, kann ihr nicht noch einmal über den Rücken streichen, wie sie es immer eingefordert hat, sonst wären die Tränen durchgekommen. Ein Küsschen auf den Kopf – das war der Abschied nach dreizehn Jahren. Bei Mama kommen sie ohnehin immer wieder durch seitdem wir hier sind, sie verabschiedet sich wenigstens noch halbwegs vernünftig.

Bea muss das alles ganz unvorbereitet treffen. Als wir gehen, verabschiedet sie die anderen und nimmt Mama an die Hand. Eine kleine, selbstverständliche Geste, die unsere emotionale Situation nicht gerade verbessert.

Wir müssten sie nur ein bisschen in Richtung der Erzieherinnen und anderen Kinder schieben – so wie immer wenn sie mit einer Lehrerin, Oma oder dem Schulbusfahrer mitgehen sollte – bringen es aber nicht übers Herz, es wäre die endgültige Geste gewesen: Wir schieben Dich ab, lassen Dich hier. Wir hätten vorher versuchen können, es ihr zu erklären, aber sie hätte es nicht verstanden. Selbst ihre Schwester versteht es noch nicht vollkommen.

Noch während der Übergabe telefoniert Mama mit Beas Neurologen, obwohl er heute eigentlich nur Stationsdienst und keine Sprechstunde hat. Er möchte kurzfristig gegen die viele kleinen Anfälle mit einem weiteren Medikament anfangen.

Es ist Freitag Nachmittag, am Montag ist ein Feiertag und bis Dienstag ein Kinderarzt – Beas bisherige Kinderärztin ist ja jetzt auch nicht mehr zuständig – ein Rezept ausgestellt hätte, müsste sie rund vier Tage warten und so wollte er ausnahmsweise selbst das Rezept schreiben. Also sind wir einmal durch die ganze Stadt zur Kinderklinik gefahren, um das Rezept abzuholen und haben es in die, für die Wohngruppe zuständige, Apotheke gebracht, die das Medikament noch vor dem Wochenende ausliefern wird. Das war Quasi unsere letzte medizinische Amtshandlung für Bea, die für uns auch nicht sonderlich beruhigend war – zeitweise standen uns beiden schon dabei die Tränen in den Augen.

Jetzt sind wir unser Kind los. Ausgerechnet jetzt, wo sie sich am Mittwoch noch eine dicke Beule, gestern einen verknacksten Fuß eingefangen und heute die schlimmste Anfallsserie seit dem Kindergarten hingelegt hat. Gerade jetzt, wo unser Kind uns noch mehr braucht als sonst. Danach ist glücklicherweise für Ablenkung gesorgt, ein paar Bekannte sind zum Abendessen eingeladen und das Gesprächsthema kommt glücklicherweise nur sehr selten auf Bea.

Jetzt ist Beas Schwester im Bett und schläft (hoffentlich), aber es ist unwirklich. Keine Bea wickeln, keine Medis geben, keine Schäfchen suchen, keine CD anmachen, kein Gute-Nacht-Ritual. Dafür die Frage ihrer Schwester, warum Beas Zimmertür offen ist.

Zwischendurch haben wir nocheinmal mit der Wohngruppe gesprochen: Erwartungsgemäß hat sich Bea halbwegs gut eingelebt, den Nachmittag über mit Keksen bestechen lassen, sogar ein klein wenig zu Abend gegessen (in fremder Umgebung mit fremden Leuten ist das bei Ihr äußerst ungewöhnlich) und mit den anderen Kindern ein bisschen ferngesehen. Sie ist ja geistig fast noch ein Baby, das – wenn die Grundbedürfnisse gestillt werden – so gut wie überall und mit jedem recht schnell zurechtkommt. Für sie war der heutige Tag auf jeden Fall am leichtesten.

Für das Wochenende haben wir wenigstens weitgehend vorgesorgt: für Samstag ist ein Ausflug geplant, Sonntag wollen wir die Großeltern besuchen und Beas Schwester einen Wunsch erfüllen. Das wird uns ablenken, auch wenn vermutlich in der nächsten Zeit einige Leute nach Bea fragen werden – möglicherweise angefangen mit den Beamten der Sicherheitsschleuse morgen am Flughafen, denn die kennen beide Kids mittlerweile auch schon. Ihr Headset wird morgen hier im Schrank liegen bleiben, unbenutzt, es mit in die Wohngruppe zu geben, hat keinen Sinn.

Später am Abend fällt uns ein, wie wir den Übergang hätten gestalten sollen, aber es ist natürlich zu spät: Nach der Schule zum Spielen hinfahren, sie auch mal dort Abendessen lassen, vielleicht morgen früh zum Aufstehen dort sein. Vielleicht wäre es einfacher geworden – oder auch nicht. Was ist besser? Eine langsame Entwöhnung über eine Woche oder – wie jetzt passiert – ein harter Schlussstrich? Wir wissen es nicht.

Tag 1 danach

Gestern ist Bea ausgezogen und das hat uns ziemlich mitgenommen. Heute sind wir den ersten Tag "zu dritt" – und es war vollkommen anders, als bei Klassenfahrten oder Schulübernachtungen.

So viele Details, so viel Routine erinnert noch an sie. Samstagmorgen – Eierkuchentag! Irgendwann hatten wir ihn als Überraschung für Mama angefangen, doch sehr schnell hatte er sich fest etabliert, auch weil Bea immer kräftig zugeschlagen hat und die drei, vier oder manchmal sogar fünf Eierkuchen mit viel Zucker und Zimt, bunten Zuckerstreuseln und Obst ihrer Figur sehr zuträglich waren, denn es waren viele, viele Kalorien, die ihren Weg in unser dünnes Mäuschen fanden.

Normalerweise brauchen wir fünf Eier und dazu passend Mehl und Milch – vor einigen Monaten hatten wir extra einen fünf-Liter-Messbecher gekauft, um diese Teigmenge vernünftig verquirlen zu können, ohne dass die Hälfte an den Wänden landet. Doch heute morgen sehen die zwei Eierchen in diesem riesigen Becher ziemlich verloren aus. Symptomatisch für unseren Zustand.

Obwohl Beas Schwester es liebt, war ein Frühstück am Couchtisch sonst die große Ausnahme, weil Bea es aus irgend einem Grund absolut nicht mochte und meist sogar die Eierkuchen boykottiert oder erst nach einem mittelschweren Zickenaufstand gegessen hat – heute ist das kein Problem.

Teller, Besteck... nein, nicht für vier Personen, denn wir sind nur noch zu dritt.

Danach der geplante Ausflug – genau das richtige, denn die Zeit in der Luft fordert den Großteil unserer Konzentration. Am Zielort für heute macht sich die fehlende Bea kaum bemerkbar, es ist ein Ausflug – und keine Routine erinnert an sie.

Als wir wieder zu Hause sind, kommen auch die Gedanken an Bea wieder durch. Es ist immer noch schwer, aber der Ausflug war die richtige Ablenkung.

Die nächsten beiden Tage sind ebenfalls verplant und das ist bestimmt auch gut so. Danach – ab Dienstag – lenkt uns (hoffentlich) die Arbeit wieder ab. Unter der Woche kam Bea sowieso immer erst Nachmittags nach Hause, tagsüber ist es also kein Unterschied zum gewohnten Tagesablauf.

Wir haben beschlossen, in zwei Wochen nach Wangerooge zu fliegen. Dort gibt es zwar keinen Spielplatz, aber dafür einen Strand nur 700 Meter Fußweg vom Flugplatz entfernt. Gerne würden wir Bea mitnehmen, aber ob das klappt? Und – ist es eine gute Idee?

Tag 2 danach

Beas Schäfchenherde, eine Gruppe Kuschelschafe, ist mit ihr ausgezogen, nur eines sitzt einsam auf unserem Sofa und wartet auf ihre Rückkehr. Ganz allein sitzt es da und erinnert uns immer wieder an sie, schaut uns fragend an: *Wo ist meine Bea geblieben, was habt ihr mit ihr gemacht?*

Heute passiert es auch das erste Mal: Jemand fragt uns nach Bea, so ganz unbeabsichtigt und wir verlieren nicht gleich die Fassung, auch wenn die Stimmung schlagartig leidet. Ein erster Erfolg?

Aus der Wohngruppe kommt die Rückmeldung, dass Bea einen gesunden Appetit hat – bei ihr eines der sichersten Zeichen, dass sie sich in der Gruppe wohlfühlt, denn sonst isst sie kaum mit "Fremden" zusammen. Selbst wenn wir Besuch hatten, hat Bea fast immer erst dann angefangen zu essen, wenn alle anderen fertig waren.

Ihr scheint es gut zu gehen, aber bei uns mischen sich weiterhin Schuld, Verlust, Traurigkeit und allerlei weitere einschlägige Gefühle und nicht wenige Tränen fließen. Das anklagende Schäfchen hat Recht: Wir haben sie weggegeben, sie entsorgt.

Tag 5 danach

Letzten Freitag ist Bea umgezogen, am Wochenende haben wir viel unternommen, aber seit Dienstag hat uns der Alltag wieder. Jetzt steht in der Schule die – schon länger geplante – Vorstellung der Klassenfahrt-Fotos an, natürlich mit den Kindern und wir sind uns nicht sicher, wie Bea reagieren wird, wenn wir dort auftauchen. Mama und die kleine Schwester haben sich trotzdem dorthin gewagt.

Die Rückmeldungen der Wohngruppe sind durchweg positiv. Bea hat sich sehr schnell und gut eingelebt, die Anfälle haben mit dem neuen Medikament nachgelassen und selbst ihr Fuß ist wieder in Ordnung.

Anscheinend – so sieht es derzeit aus – haben wir uns mit der Entscheidung eigentlich zu lange Zeit gelassen, die drei Monate Bearbeitungszeit der Behörden einmal außer Acht gelassen.

Bea hat jetzt den ganzen Tag über Spielkameraden um sich, isst gut, wenn auch noch mit Sonderregelungen. Wie auch häufig in der Schule und manchmal zu Hause – bei uns, in ihrem ehemaligen zu Hause – fängt sie erst an zu essen, wenn die anderen mehr oder weniger fertig sind.

Die Präsentation der Fotos verläuft problemlos. Bea ist zwar sehr aufgeregt und freut sich, Mama und ihre Schwester zu sehen, fährt danach aber freiwillig zurück in die Wohngruppe – wenn auch noch mit irritiertem Blick. Bei Mama fließen wieder Tränen.

Dennoch vermissen wir sie und auch wenn das Leben weitergeht, erinnern dennoch viele Kleinigkeiten an sie, ein Schäfchen hier, ein paar Bällebad-Bälle dort... Aber auf der anderen Seite hat die derzeitige Situation auch Vorteile und das anscheinend für alle. Oder ist das nur Wunschdenken? Bea geht es gut, ihre Schwester und wir haben uns an die Situation schon etwas gewöhnt.

Eine Woche danach

Langsam haben wir uns mit der neuen Normalität abgefunden, da klingelt das Telefon. Bea war den ganzen Samstag müde und hat ihr Bett kaum verlassen, aber erst Abends fiel die Ursache auf und zwar als die Spätschicht eine Notiz von der Frühschicht vorfand, das Beas neues Medikament (das ihre Anfälle in der letzten Woche massiv reduziert hatte) fast leer sei und nachbestellt werden muss.

Bei etwa einem halben Liter Flascheninhalt und 10 ml Tagesdosis ist das schwer vorstellbar und so stellte sich schließlich schnell raus, das Bea versehentlich die Medi eines anderen Kindes bekommen hatte: Ein Beruhigungsmittel, das normalerweise viel geringer dosiert wird, als Beas Anti-Anfall-Mittel. Ein Fehler, der einfach nicht passieren darf, aber darum geht es erst einmal gar nicht, sondern um Bea.

Als die Verwechslung auffällt, ruft die Wohngruppe sofort Notarzt und Krankenwagen und Bea verbringt die Nacht im Krankenhaus, genauer gesagt, hat sie einfach durchgeschlafen.

Das Krankenhaus ruft uns Abends noch an. Bea geht es gut und sie soll, nach einer Nacht zur Beobachtung, am nächsten Tag wieder nach Hause.

Am nächsten Morgen nach dem Frühstück machen sich ihre Schwester und Papa sich auf den Weg, um sie zu besuchen. Langsam erfahren sie die Wahrheit, die doch schon ein Stück von den Aussagen des Vortags abweicht.

Bea liegt auf der Transplantationsstation, weil die Neurologie voll war. Eigentlich ist das kein Problem und es hat auch glücklicherweise niemand versucht, ihr eine neue Niere anzudrehen, aber Besuchskinder – vor allem solche im Kindergartenalter wie ihre Schwester – sind dort eigentlich gar nicht gerne gesehen, denn bei Transplantationspatienten kann fast jede kleine Kinderkrankheit oder Erkältung tödlich enden. Beas Schwester ist glücklicherweise komplett durchgeimpft und gesund, also dürfen wir doch rein.

Auf der Station fängt uns als erstes Beas Neurologe ab, noch bevor wir nach der Zimmernummer fragen können. Eigentlich ist es gar nicht seine Station und anscheinend hat er heute eigentlich noch nicht mal Dienst – kein gutes Zeichen. Immerhin bestätigt es unseren Eindruck, dass seine Patienten – zumindest Bea – nicht einfach nur Pflichtprogramm sind, sondern ihm wirklich am Herzen liegen.

Bea hatte von dem falschen Medikament die gleiche Menge bekommen, die sie von ihrem eigenen hätte bekommen müssen, die normale Dosis, mit der hyperaktive Kinder auf "normal" gebracht werden, liegt aber bei etwa 1/3 der Menge, die sie eingenommen hat. Sie ist nicht hyperaktiv, aber selbst wenn sie das Medikament regulär bekommen würde, hätte sie jetzt die dreifache Tagesdosis erhalten.

Im Prinzip könnte eine solche Menge toxisch wirken, also eine regelrechte Vergiftung auslösen, aber dafür ist sie noch zu gering gewesen – Glück gehabt. Bei einer Überdosis können auch Muskelschäden entstehen, die wurden aber bereits per Laborbefund ausgeschlossen – ein zweites Mal haben wir Glück.

Leider hat das Zeug eine weitere Nebenwirkung, die bei Bea offene Türen einrennt: Es verstärkt die Anfallstendenz massiv, wirkt also genau gegenteilig zu ihren Anti-Anfall-Medis, die ja gerade angefangen hatten, so gut zu wirken. Papa hat Beas Neurologen noch nie so besorgt um ihren Zustand gesehen – so viel zu der Information vom Vorabend.

Nachdem Bea ihren Rausch ausgeschlafen hat, zeigen sich die Nebenwirkung mit etwa 100 Anfällen pro Stunde, zudem ist sie völlig durcheinander. Außerdem hat sie auch ihre reguläre Medikation lange verweigert und das, obwohl sie ihre Medis normalerweise sogar einfordert, weil diese eben jeden Tag dazugehören.

Als wir in ihr Zimmer kommen, hatte sie sich erst vor Kurzem ihre Morgendosis geben lassen – eigentlich viel zu spät – und auch nur von einem Medikament, das zweite stand nach wie vor aus. Wenigstens hat sie zusätzlich ein Mittelchen genommen das genau wie ihr Notfall-Diazepam wirkt, nur nicht so schnell und nicht ganz so hart, aber damit – so die Hoffnung ihres Neurologen – sollten die vielen kleinen Anfälle bald erledigt sein.

Als wir endlich zu Bea gehen, erkennen wir sie erst auf den zweiten Blick. Ziemlich desorientiert sitzt sie in ihrem Bett und spielt mit Uno-Plastiksteinchen, alles sehr langsam und – selbst für ihre Verhältnisse – ziemlich unkoordiniert.

Nach dem Anruf vom Vorabend hatte Papa ein Kind erwartet, das die halbe Nacht die Schwestern wach gehalten hatte und kaum auf der Station und schon gar nicht in ihrem Bett zu halten ist, sonst wäre ihre Schwester niemals mitgekommen, aber an Aufstehen oder herumlaufen ist nicht ansatzweise zu denken. Neben Bea sitzt eine Stationsschwester, spielt mit ihr, schreibt Anfälle auf und hindert sie daran, aufzustehen, denn Stehen oder Laufen funktioniert einfach noch nicht, dafür fehlt ihr das Gleichgewicht.

Würden wir die Ursache nicht kennen, hätten wir ein sehr intensives Gespräch über Alkoholkonsum einplanen müssen. Aber das ist glücklicherweise eines der Probleme, die wir mit Bea nie hatten und wohl auch nie haben werden.

Ihr Neurologe lässt uns die Wahl: Entweder sie kommt zu uns nach Hause oder sie bleibt in der Klinik, auch wenn dort (sobald wir weg sind) eine Schwester permanent nur für sie abgestellt werden müsste. Das hatte schon heute früh für logistische Probleme gesorgt – und hätte ich damit gerechnet, wären wir mit Sicherheit viel früher da gewesen – denn das Krankenhauspersonal wird heute nicht mehr so großzügig eingeplant wie früher.
Personalintensive medizinische Notfälle sollte man in heutigen Zeiten lieber rechtzeitig ankündigen: "Hallo, Krankenhaus? Ich werde nächsten Freitag einen Herzinfakt haben. Können Sie schonmal ein Bett bereitstellen? Danke!"

In die Wohngruppe möchte ihr Neurologe sie heute noch nicht wieder lassen, denn die Mitarbeiter dort haben noch viel zu wenig Erfahrung, um Beas Anfälle in diesem Zustand einschätzen zu können. Jetzt gibt es also drei Probleme: Erstens hat Papa ein dreijähriges Kleinkind, dem schnell langweilig wird, dabei und das obwohl die große Schwester weitab von "spieltauglich" ist – eigentlich hatten wir einen ausführlichen Besuch des krankenhauseigenen Spielplatzes eingeplant. Zweitens ist der Umzug ins Krankenhaus anscheinend so plötzlich abgelaufen, dass abgesehen von ein paar Klamotten und einem ihrer Kuschel-Schäfchen nichts mitgekommen ist. Drittens muss eine Entscheidung her, wo Bea die Nacht verbringen soll.

Ganz nebenbei sind ihre Schwester und Papa auf einer Transplantationsstation natürlich vollkommen fehl am Platz, denn leicht erkältet waren wir beide in den letzten Tagen eigentlich noch, aber wenigstens das scheint sich ausreichend gebessert zu haben. Glücklicherweise reduziert sich zumindest die für Bea notwendige Aufmerksamkeit recht bald, denn das zusätzliche Medikament beginnt langsam zu wirken. Die Spielsteine werden zunehmend uninteressanter und irgendwann schafft Bea es tatsächlich, einzuschlafen – und damit auch die Anfallsserie zu unterbrechen. Ihre Schwester übernimmt die Steine und beschäftigt sich – und teilweise auch Papa – rund anderthalb Stunden richtig toll damit.

Recht schnell ist allerdings klar, dass Bea in einem Vier-Bett-Zimmer – und mit prinzipiell zu wenig Personal für eine Dauer-Wache – nicht richtig aufgehoben ist, sie muss also mit nach Hause. Medizinisch gesehen ist das die einzig richtige Entscheidung, aber emotional? Wie wird Bea dieses dauernde hin- und her verkraften, erst eine Woche Wohngruppe, dann Krankenhaus, dann zu Hause, dann Wohngruppe? Für uns ist es eher eine normale "krankes Kind"-Situation, zumal Bea gar nicht in der Verfassung ist, um Unsinn zu machen oder uns "auf die Nerven" zu gehen.

Zwei Stunden später wird sie langsam wieder wach und wir wollen nach Hause, aber bei dem plötzlichen Aufbruch in der Wohngruppe wurde leider so einiges vergessen, darunter auch so unwichtige Dinge wie eine Jacke oder Schuhe. Das ist etwas erschreckend und ungewohnt unprofessionell, so haben wir die Einrichtung eigentlich nicht kennen gelernt.

Eine freundliche Schwesternschülerin bringt uns schließlich im krankenhauseigenen Buggy zum Ausgang und passt dort auf die beiden Kinder auf, während Papa (im strömenden Regen) das Auto holt. Als das Auto da ist, wird ein Kind ins Auto tragen, das andere schmollend ins Auto geschoben, weil wir ja doch nicht beim krankenhauseigenen Spielplatz waren, obwohl Papa das vorher versprochen hatte. Dann geht es ab nach Hause. Mit Bea in diesem Zustand (und ganz nebenbei im strömenden Regen) war an den Spielplatzbesuch nicht zu denken.

Bea braucht fast die ganze Fahrt, um einen Keks zu essen, normalerweise wäre der weg gewesen, bevor wir das Klinikgelände verlassen können, aber wenigstens hat sie keinen einzigen Anfall mehr. Sie ist nicht eingeschlafen und hat keine schlimmeren Symptome gezeigt.

Zu Hause ist Papas Entscheidung gleich in Frage gestellt, denn Bea irrt ziellos und dauer-quengelnd umher. In ihrem Zustand und ohne zu wissen, ob und welche Anfälle wann wiederkommen, kann sie auch nicht alleine bleiben, also sind Mama oder Papa immer neben ihr, bereit, sie sofort aufzufangen, wenn ihr die Beine wegknicken. Normalerweise reicht es aus, sie in Sichtweite zu haben, aber heute musst es wirklich maximal eine Armlänge Abstand sein. Die Leidtragenden sind Mamas Nerven und Beas Schwester, die zurückstecken muss. Das tut uns zwar leid, lässt sich aber leider nicht ändern.

Wenigstens haben wir mit einer Vermutung recht: Gestern hat sie durchgeschlafen, heute war sie im Krankenhaus – unser Kind hat Hunger! Eierkuchen isst sie immer gerne und heute Nachmittag schafft sie vier oder fünf 22cm-Eierkuchen (oder waren es sechs?), nascht danach noch etwas Schokolade, trinkt nebenbei eine Tagesration Saft und ist am Ende erst glücklich, als es Abendessen gibt. Bratwurst mag sie auch (fast) immer und schiebt glatt noch zweieinhalb

Stück nach, dazu Salat und Brot. Zwischen dem ersten Eierkuchen und dem letzten Stück Bratwurst liegen gerade einmal respektable drei Stunden.

Der Rest des Tages grenzt etwas an Bea-Ping-Pong, denn gleichzeitig auf Bea aufzupassen, Essen zu machen und sich um die anfallenden Haushaltsarbeiten zu kümmern, erfordert eine gute Kommunikation zwischen Mama und Papa – und einen häufigen Wechsel der Aufsichtsperson. Nach dem Essen ist sie wenigstens wieder sicher auf den Beinen und braucht keinen permanenten Mama- oder Papa-Schatten bei jedem Schritt, aber an Schlaf ist noch nicht zu denken.

Mama nimmt sich den nächsten Tag frei (genau passend: heute ist eine Kollegin ins Krankenhaus eingeliefert worden) und übernimmt – falls notwendig – die Nachtschicht mit Bea. Lange schläft Bea am Montagmorgen nicht, normalerweise müsste sie Montags auch in die Schule, aber immerhin ist sie schon fast wieder normal. Wir müssen nicht mehr permanent neben ihr stehen und sie ist auch wieder vollkommen anfallsfrei. Selbst ihr Gleichgewicht ist wieder auf einem für sie normalen Niveau angekommen.

Dennoch ist sie noch unruhiger als sonst und möchte immer raus und Autofahren, also bringen wir Bea vormittags wieder zurück in die Wohngruppe. Anscheinend war die Entscheidung richtig, denn sie fühlt sich dort sichtbar wohler, als bei uns zu Hause und wird auch etwas ruhiger.

Wir nehmen Aufkleber für ihre Medis mit, glauben aber kaum, dass dieser Fehler dort ein zweites Mal passieren wird. Der Schreck sitzt bei allen dort noch tief und sie entschuldigen sich immer wieder.

Ebensowenig förderlich ist es, Profis jetzt für diesen Fehler auszuschimpfen, so etwas passiert einfach, trotz größter Vorsicht. Böse sind wir ihnen deswegen nicht, nur das Zusammenpacken einer "Notfallausrüstung" besprechen wir nochmal – denn etwas mehr als eine Hand voll Kleidung wäre schon ganz praktisch gewesen, beispielsweise Jacke und Schuhe.

Die Belastungen der letzten Tage – kein Tagesrhythmus mehr, hin- und her zwischen Wohngruppe, Krankenhaus und zu Hause und die vielen Medikamente – haben Bea anscheinend schon ziemlich aus der Bahn geworfen und das, obwohl sie in dieser Beziehung eigentlich sehr robust ist. Morgen sollten planmäßig auch die letzten Überreste der falschen Medis abgebaut sein und ab Mittwoch wird sie auch wieder in die Schule gehen können. So wird hoffentlich ab übermorgen alles auch für sie wieder normal sein.

Diesmal verläuft das "Abgeben" viel entspannter und weniger emotional als beim Umzug, vor allem von unserer Seite. Sie ist dort gut aufgehoben, die anderen Kinder spielen gerne mit ihr – trotz oder gerade auf Grund des großen geistigen Altersunterschieds?

Ihre kleineren Anfälle sind zum Glück seltener geworden, aber wie bereits in den letzten Jahren helfen Kinder, die sie kennen in solchen Situationen immer gerne und freiwillig. Wo darf man sonst seine Spielkameraden ungestraft schubsen? Die gleiche Unterstützung haben wir auch schon zu Hause, mit ihren Cousinen und Cousins und auch in der Schule erlebt.

Am Wochenende werden wir sie – so denn das Wetter mitspielt – wiedersehen, aber nach den Erkenntnissen der vergangenen zwei Tage in der nächsten Zeit nicht wieder zu Hause übernachten lassen. Die nächsten Wochenenden sind aus unterschiedlichen Gründen fest verplant und – auch wenn das jetzt ziemlich gemein klingt – wir sind teilweise ganz froh, etwas ohne Bea unternehmen zu können, denn das eine oder andere wäre mit ihr entweder nicht möglich oder würde in ziemlichen Stress für alle Beteiligten ausarten. Ihre Schwester ist schon "älter" als Bea, für vieles leichter zu begeistern und kann sich und ihre Wünsche eindeutig äußern, eine normale anderthalbjährige würde den Großteil der Zeit staunend im Buggy verbringen, bei Bea ist das ganz anders.

Wenn die Planung so bleibt, werden wir zwei der nächsten vier Wochenenden mit ihr verbringen. Momentan halten wir das für eine gute Quote, um ihr Stabilität zu geben und den Kontakt trotzdem nicht abreißen zu lassen.

Zwei Wochen danach

An diesem Samstag sind wir recht früh morgens bei der Wohngruppe und holen Bea wie besprochen ab. Freude, uns zu sehen und keine Gegenwehr, mit uns loszufahren, erwarten uns.

Am Flughafen ist die Sache ohnehin gelaufen, denn Bea fliegt gerne und jetzt ist es mit zwei Kindern an Bord auch wieder die gewohnte Routine. Die Luft ist unruhig an diesem Wochenende, aber Bea stört das nicht, im Gegenteil – in der Luft fühlt sie sich eigentlich immer wohl. Wangerooge ist bei Sonnenschein bestimmt schöner, aber auch bei dicken Wolken, Wind und immer wieder aufkommenden kleinen Schauern hat die Insel etwas zu bieten. Beas Schwester sieht das etwas anders und weigert sich zunächst, auszusteigen. Wenn das Flugzeug schaukelt und es draußen regnet, ist das in Ordnung, aber freiwillig in den böigen Wind und Nieselregen nach draußen? Nein, danke. Schließlich lässt sie sich doch überreden und wir erkunden die Insel.

Bea isst fleißig und das sogar im Restaurant und hat Spaß an unserem Ausflug. Nur auf dem Rückweg zum Flughafen (zu Fuß, denn Autos sind auf dieser Insel nicht erlaubt) mag sie nicht mehr so recht – es war vielleicht ein bisschen zu viel Laufstrecke heute.

Der Rückweg ist nicht weniger turbulent, aber hinter der Wettergrenze erwartet uns strahlender Sonnenschein – passend zu unserer Gemütslage. Der Tag hat uns emotional stabilisiert, denn alles lief gut. Bea ist zwar nach wie vor nicht ganz einfach, aber selbst das "Abgeben" in der Wohngruppe ist Abends kein Problem, für sie nicht und auch für uns nicht. Ein schöner Tag, der Mut für die Zukunft macht.

Drei Wochen danach

Das jährliche Sommerfest in Beas Schule ist immer ein Pflichttermin für uns. Nicht nur, aber auch, um uns wieder mit Erdbeermarmelade einzudecken, denn seitdem ein Sommerfest vor ein paar Jahren im Zeichen der Erdbeere stand und dort super leckere Erdbeermarmelade verkauft wurde, ist die Schule moralisch verpflichtet, jedes Jahr zu dieser Zeit süßen roten Na(s)chschub anzubieten.

Beas Wohngruppe möchte (fast vollzählig) auch dorthin kommen und um noch ein bisschen Zeit mit ihr verbringen zu können, holen wir sie morgens ab zu uns nach Hause.

Ihr letzter Besuch lief nicht sehr erfolgversprechend ab, deswegen sind wir skeptisch, werden aber gleich angenehm überrascht: Bea flitzt – bei schönem Wetter – gleich in den Garten und requiriert die Schaukel für sich. Ins Haus kommt sie eigentlich nur zum (sehr ausführlichen) Frühstück, ansonsten hat sie ihren Spaß im Garten – und wir lassen sie.

Nachmittags geht es dann zum Sommerfest – und das läuft eigentlich ziemlich gut. Bea kennt zwar die Schule, aber für sie muss dort alles seine Ordnung haben: Mama, Papa und ihre Schwester gehören dort nicht hin und die Schule fängt Morgens und nicht Nachmittags an – kurz gesagt, die Feiern sind immer etwas außerhalb ihres gewohnten Ablaufs und so etwas mag Bea gar nicht. Dennoch schlägt sie sich diesmal gut, auch wenn sie sich meist bei Mama oder Papa ankuschelt (es sind für ihr Empfinden definitiv zu viele Leute in der Schule).

Wir verbringen einen schönen Tag zusammen und sie fährt vollkommen freiwillig von der Schule mit den Betreuern und den anderen Kids wieder zur Wohngruppe, winkt zum Abschied und alles ist in Ordnung. Langsam scheint sie nicht nur dort angekommen zu sein, sondern sich auch wieder bei uns wohl zu fühlen. Ein Stück neue Normalität?

1 Monat danach

Vor ein paar Monaten kam die Ankündigung des ersten Vor-Ort-Prüfungstermins durch die Behörden noch vor der Zusage zur Kostenübernahme und heute findet dieser tatsächlich statt. Mamas Arbeit ist derzeit krankheitsbedingt ohnehin unterbesetzt und so macht sich Papa alleine auf den Weg, um sich vor Ort mit dem Beauftragten der Behindertenhilfe und dem Amtsarzt zu treffen. In dem Gespräch geht es einerseits um die Einrichtung selbst, genauer gesagt um die Frage, ob sie Bea angemessen pflegen können, und andererseits um Bea – die selbst gar nicht da, sondern in der Schule ist.

Der erste Tagesordnungspunkt ist schon etwas komisch, denn Bea ist bereits hier und die Gruppe betreut seit rund 20 Jahren schwerbehinderte Kinder, deren Pflege regelmäßig überprüft wird. Die Eignung nochmals festzustellen scheint da ziemlich übertrieben.

Es hat den Eindruck, als würde die Wohngruppe beide Behördenvertreter positiv überraschen, sie hatten wohl eher ein reines Pflegeheim erwartet, obwohl es dort tatsächlich mehr wie in einer Großfamilie zugeht. Die Kinder sind nicht nur "Pflegeobjekte", sondern wirklich Kinder und werden entsprechend behandelt und gefördert – sonst hätten wir Bea nie dorthin abgegeben.

Der zweite Teil betrifft Bea selbst und die Behörden haben große Pläne mit ihr. Sie soll selbstständiger werden, am besten sprechen lernen, aber eine andere der anerkannten Kommunikationsformen wäre für den Anfang auch in Ordnung. Sie ist ja noch keine 45 und damit noch lernfähig – impliziert das nicht, dass wir in den letzten elf Jahren diesbezüglich versagt haben?

Wir haben jahrelang alle möglichen und unmöglichen Therapien und Fördermöglichkeiten ausprobiert, mit Ausnahme von Handauflegen und anderem Hokus-Pokus. Bea hatte im Kindergarten, in der Schule und Nachmittags verschiedene Ergotherapien und Logopäden, therapeutisches Reiten, sogar eine Delphintherapie in Nürnberg mit einer Reihe von Doktoren und Professoren der Uni Würzburg.

(Fast) alles hat ihr Spaß gemacht – aber keine Fortschritte gebracht. Alle Therapeuten haben aufgegeben – das war der einzige Grund, warum wir ihre Therapien in den letzten Jahren zurückgefahren haben. Ihr Neurologe hat zwischenzeitlich sogar den Beweis erbracht, dass sie eher Rück- als Fortschritte macht und leider merkt man diese im Laufe der Zeit auch, trotz einer elterlich-rosaroten Brille.

Man muss den Behördenvertreten zugute halten, dass sie für jedes Kind höchstens ein paar Stunden Zeit haben (wenn überhaupt so viel) und gewisse Schemata und Abläufe eingehalten werden wollen. Wir würden uns wirklich gerne irren und Bea Fortschritte machen sehen, aber ernsthaft daran glauben können wir nicht mehr. Dennoch werden wir es wie bisher halten: Solange Bea freiwillig mitmacht, können sie von uns aus Ziele definieren, wie sie wollen und glücklicherweise sind diese auch sehr "weich" formuliert – da kommt dann der Boden der Tatsachen doch wieder näher.

Die Betreuer der Wohngruppe sollen versuchen, ihr mehr Selbstständigkeit bei einfachen Dingen (wie waschen, anziehen, etc.) beizubringen – das machen sie sowieso – und sie sollen ihr Kommunikationshilfen anbieten, zum Beispiel Bildkarten.
Gut, auch werden sie versuchen und Bea wird ein tolles neues Spielzeug haben – als solches hat sie bisher jeden derartigen Versuch behandelt. Sie hat jetzt einen (noch zu Zeiten, als sie bei uns wohnte, bestellten) Talker, das passt perfekt in den Plan.

Der Talker ist quasi ein überdimensioniertes Diktiergerät: Für verschiedene, in Beas Alltag relevante Dinge (beispielsweise "Essen", "Trinken", "Spielzeug") werden Bildkarten eingesetzt. Jede Karte befindet sich auf einer Taste und – so die Theorie – wenn Bea etwas mitteilen möchte, kann sie einfach die entsprechende Taste drücken. Auch das ist etwas, das wir öfters erfolglos probiert haben, aber Schule und Krankenkasse sehen hier eine Chance – also probieren wir (bzw. Bea) es erneut.

Konkrete Ziele gibt es – glücklicherweise – nicht, allerdings eine Wiederholung des heutigen Gespräches in etwa einem Jahr. Wir sind gespannt, ob sich bis dahin etwas ergeben wird.

Ganz nebenbei haben wir heute noch ein bisschen über Bea erfahren: Sie hat sich toll eingelebt und interagiert mit den anderen Kindern, isst (meistens) gut und kommt anscheinend auch mit dem Wechsel zwischen "zu Hause" bei uns und "zu Hause" in der Wohngruppe gut klar.

2 Monate danach

Es ist ruhig geworden um Bea, wir haben sie etwas aus den Augen verloren, ohne das zu wollen.

Es gefällt ihr anscheinend ziemlich gut in der Gruppe, die anderen Kinder spielen gerne mit ihr, ja streiten sich manchmal anscheinend sogar, wer gerade mit ihr spielen darf. Sie isst problemlos zusammen mit den anderen und hat sogar zwei Kilo zugenommen. Was haben wir falsch gemacht?

Nach einiger Zeit unbeabsichtigter Pause verbringt Bea ein Wochenende bei uns, mit dem erneuten Versuch einer Übernachtung.

Bei gutem Wetter stürmt Bea zu Hause direkt in den Garten – Schaukel, Sandkasten & Co. wollen schließlich nicht unbenutzt bleiben und auch ihr Zimmer – mit vergrößertem Bällebad – wird wieder ausführlich bespielt. Insgesamt ist es ein recht ruhiger Nachmittag und Abend.

Das Schlafen ist – ein bisschen zu unserer Überraschung – kein Problem, sieht man davon ab, dass Bea am liebsten direkt ins Bett gefallen wäre. Doch ein Nachmittag Barfuß-Spielen hat seine deutlich sichtbaren schwarzen Spuren an ihren Füßen hinterlassen und die sollen nicht gleich in der Bettwäsche landen.

Beim Frühstück am nächsten Morgen greift Bea kräftig zu, danach besuchen wir die Großeltern und dann muss Bea auch schon wieder zurück in die Wohngruppe, weil dort ein gemeinsames Wochenendprogramm mit den anderen Kindern wartet.

Bisher waren wir meist unterwegs, wenn Bea nach ihrem Auszug bei uns war, dieses Mal war es ein Stückchen Normalität, "genau wie früher". Leider kommen dabei gelegentlich auch die alten Gefühle wieder hoch und ein bisschen der Anstrengung kehrt zurück.

Als wir sie zurück bringen, kann sie sich anscheinend nicht recht entscheiden – soll sie wieder mit Mama, Papa und ihrer Schwester mitkommen oder dort bleiben. Oder da bleiben und Mama, Papa und ihre Schwester nicht weg lassen.

Diese Entscheidung liegt allerdings nicht bei ihr und solch "komplexe" Dinge kann sie einfach nicht mitteilen, auch wenn sie bestimmt eine Meinung dazu hat. Dieses Mal ist es für uns wieder schwerer, sie dort zu lassen, aber eine Alternative gibt es nicht.

Die Wörter "zu Hause" zu verwenden, fällt uns auch immer schwerer, denn wo ist das? Bei uns ist sie gemeldet, formell haben wir noch das volle Sorgerecht und irgendwie gehört sie ja auch hierher, aber dort lebt sie jetzt, eigentlich ist die Wohngruppe zu ihrem Lebensmittelpunkt geworden. Zu ihrer Familie.

Nächstes Wochenende stellt sich die Frage nicht – denn Bea und die Wohngruppe sind unterwegs – aber danach wollen wir sie wieder öfter sehen. Hoffentlich bleibt es nicht wieder nur bei diesem guten Vorsatz – oder ist es genau der falsche Weg, sie so oft aus ihrem neuen Leben herrauszureißen? Wir wissen es nicht.

3 Monate danach

Von unseren guten Vorsätzen ist nicht viel übrig, Bea war zwischendurch nicht wieder bei uns. Erst jetzt haben wir sie wieder abgeholt – um den Geburtstag ihrer Schwester mit Freunden und Verwandten nachzufeiern (der Kindergeburtstag für vierjährige wäre nichts für Bea gewesen).

Bea äußert ihre Prioritäten klar und deutlich, sobald sie "zu Hause" ist: Ihr erster Weg führt direkt zur Schaukel, erst später kommt sie Papa (der dieses Mal nicht mit zum Abholen kam) begrüßen.

Wir hatten schon erfahren, dass sie zugenommen hat, aber man sieht es ihr auch an: Noch hat sie nicht unbedingt das Normalgewicht für ihr Alter und Ihre Größe erreicht, aber auf jeden Fall ist es besser als früher. Ansonsten verläuft der Tag recht "normal", allerdings ist sie merklich ruhiger geworden. Bei dem ganzen Besuch mochte sie – wie gewohnt – nicht mit den Anderen Essen, sondern kommt erst später an, vernichtet dann aber noch Würstchen, Salat, Brot und allerlei anderes erfolgreich, sogar ein Stück Wassermelone, inklusive – in einem unbeobachteten Moment – einem Stück vom weißen und grünen Rand (der ihr anscheinend sogar schmeckt).

Das Schlafengehen verläuft dann absolut unproblematisch, wir machen sie wie gewohnt für's Bett fertig, geben die Medikamente und legen sie hin. Wie gewohnt? Nicht ganz, denn seit ihrem Auszug besteht sie darauf, auf ihrem Bett gewickelt zu werden, Windelnwechseln auf dem extra für sie gebauten Wickeltisch gehört der Vergangenheit an – auch wenn das Wickeln dort für uns wesentlich leichter wäre, als im Bett.

Am nächsten Morgen gibt es auch wenig Neues: Um kurz vor sechs steht sie zum ersten Mal auf, lässt sich zwar wieder hinlegen, aber nur um nach ein paar Minuten wieder zu aufzustehen und zu spielen.

Beim Anziehen lässt sie sich sogar ihr aktuelles Lieblingsaccessoire – ein kleines Glöckchen mit Band – ohne Protest aus der Hand nehmen und zur Seite legen, bis sie fertig angezogen ist. Sie ist wirklich ruhiger geworden. Frühstück und Mittagessen verlaufen ereignislos, ebenso gewohnt ist auch der dabei entstehende Bodenbelag, denn nicht alles vom Teller findet auch den Weg ins Kind. Ein Hund würde sich bei uns wirklich wohlfühlen.

Apropos fühlen... irgendwie ist da gar nichts besonderes. Keine Melancholie, weil die zwei Tage an "alte Zeiten" erinnern, als sie nicht nur zu Besuch "nach Hause" kam, kein

Aufregen über ihre Eigenheiten, auch bei Mama keine nervliche Belastung.

Ein wenig Traurigkeit stellt sich ein, als Bea wieder weg ist, allerdings hat uns dieses Wochenende zwei Dinge gezeigt: Die Entscheidung – so schwer sie auch war und durch die Behörden nicht einfacher gemacht wurde – war richtig und wir können Bea problemlos am Wochenende zu uns nehmen, ohne dass einer darunter leidet. Leichter macht es den Abschied allerdings auch nicht.

Leider sind auch ihre kleinen Anfälle wiedergekommen, diese waren nach der letzten Medikamentenänderung vollkommen verschwunden. Ob sie diese jemals wieder dauerhaft los wird?

Was wäre wenn?

Gelegentlich werden wir gefragt, ob wir etwas anders machen würden, wenn wir die Chance dazu bekommen würden. Auf diese Frage gibt es zwei Antworten:

Mama

Das ist eine Frage, die ich mir schon häufiger selber gestellt habe und wir haben im Haus ein Bild von Bea hängen, das sie als anscheinend normale und sehr fröhliche anderthalbjährige zeigt. Jedes Mal, wenn ich dieses Bild etwas länger betrachte, kommen mir die Tränen und ich wünsche mir eine Chance, die Zeit zurückdrehen und etwas ändern zu können.

Bezogen auf mein Leben im Allgemeinen fallen mir, mit meinem heutigen Wissens-/Erlebnisstand, auf Anhieb ein paar Dinge ein, die ich anders angegangen wäre oder die ich lieber gleich sein lassen würde. Bezogen auf Bea, würde ich auf jeden Fall eher skeptisch werden, was ihre Entwicklung angeht. Ich würde mich nicht mehr so lange mit Sprüchen wie: „Das kommt schon noch, sie ist einfach etwas später dran" zufriedengeben. Ich würde sicher eher weitere Meinungen einholen oder Therapieversuche starten. Doch würde sich dadurch etwas verändern?

So wie es momentan aussieht, werden wir wohl nie erfahren, was genau der Auslöser für ihre Behinderung ist und wohin uns diese Reise noch führen wird. Das einzige, was wir ziemlich sicher wissen, ist die Tatsache, dass Bea wohl nie wirklich eigenständig ihr Leben bewältigen können wird; sie wird immer auf Hilfe angewiesen sein.

Zu Kindergartenzeiten hatte ich noch lange Zeit die Hoffnung, sie würde sich bis zur Schule noch „normal" entwickeln, doch dem war nicht so und lange Zeit folgten regelmäßig Selbstvorwürfe und Fragen wie: „Was habe ich falsch gemacht? Habe ich sie mal zu unsanft angefasst/aus dem Bett genommen? Ist mein Handeln/Verhalten vielleicht der Grund für ihre Behinderung?" Als Bea ein halbes Jahr als war, bin ich mal, mit ihr auf dem Arm, auf der Terrasse gestürzt, was für Bea einen zweitägigen Krankenhausaufenthalt wegen leichter Gehirnerschütterung zur Folge hatte. Ist ihre Behinderung vielleicht eine Folge davon?

Hätte ich eine zweite Chance, würde ich da anders mit ihr umgehen (können), wäre ich gerade in den letzten Jahren geduldiger gewesen? Würde ich mich auch wieder für ein Geschwisterkind entscheiden?

Ich bereue es nicht, dass wir ein zweites Kind bekommen haben, doch mit zunehmender „normaler" Entwicklung der Kleinen merkte ich immer mehr, wie unterschiedlich meine Liebe für die beiden ist. Schnell kamen Selbstvorwürfe wie: „Wie kannst du deine Kinder nur unterschiedlich lieben!?" Das wüsste ich auch zu gerne. Liegt es einfach daran, dass bei mir nach mehr als zehn Jahren mit einer im Geiste immer noch anderthalb bis Zweijährigen einfach die Nerven blank liegen und ich keine Kraft mehr habe, oder mache ich unbewusst und zu meiner Schande doch einen Unterschied zwischen „Unfall" und Wunschkind?

Ich bin mir ziemlich sicher, dass ich nicht, oder nicht lange, die Kraft hätte, ein zweites Kind mit geistiger Behinderung großzuziehen. Mit einer rein körperlichen Behinderung bei normaler geistiger Entwicklung könnte ich wahrscheinlich eher umgehen. Doch trotz aller Umstände bereue ich es nicht, mich für Bea entschieden zu haben und ich kann mir auch irgendwie nicht vorstellen, dass ich mich anders entschieden hätte, wenn ich vor ihrer Geburt gewusst hätte, was auf uns zukommt.

Wahrscheinlich wäre es auch sinnvoll gewesen, sich eher Hilfe von außen zu holen, anstatt unter dem Motto „Andere müssen und können auch mit mehreren Kleinkindern gleichzeitig klar kommen, wo ist da der Unterschied?" alles allein bewältigen zu wollen. Vielleicht wäre die nervliche Belastung dadurch geringer gewesen und es wäre einiges anders/entspannter gelaufen!? Vielleicht...

Papa

Als Bea sich ankündigte, waren wir beide noch ziemlich jung, eigentlich zu jung. Wenn man ein beliebiges Paar in dem Alter, das sich gerade erst ein paar Monate kennt, fragen würde, ob es gerne ein ungeplantes Kind hätte oder dieses lieber vermeiden würde – ich glaube die Antwort wäre einstimmig. Heute ist Bea dreizehn und ich möchte sie nicht mehr hergeben, trotz allem, auf das wir in den letzten dreizehn Jahren verzichten mussten.

Würden wir den Grund für ihre Behinderungen kennen, möchte ich nicht vor die Frage gestellt werden, ob ich ihn vermeiden wollen würde. Auf der einen Seite wünschen wir uns, seit ihre Andersartigkeit entdeckt wurde, ein normales Kind. Auf der anderen Seite führt sie ein wohlbehütetes Leben in ihrer kleinen Seifenblase und manchmal beneide ich sie ein kleines bisschen um die Einfachheit ihrer Welt. Vieles wäre ganz anders gekommen – vielleicht habe ich nur ein kleines bisschen zu viel Angst vor den unbekannten Veränderungen, die ein schwupps-und-sie-war-immer-"normal" mit sich bringen würde.

Ich möchte nicht vor die Wahl gestellt werden, ich möchte diese Entscheidung nicht treffen müssen und dabei habe ich mich noch nicht einmal mit Beas Schicksal auseinandergesetzt.

Bea hat uns und unsere Beziehung stark und erwachsen gemacht, wir mussten früh Verantwortung übernehmen und Krisen durchleben. Beides hat uns – denke ich – zusammengeschweißt, möglicherweise stärker, als es in einer "normalen" Beziehung passiert wäre.

Nachwort

Seit Beas Umzug ist knapp ein Jahr vergangen.

Ein Jahr, in dem wir sie viel seltener als geplant gesehen und zu uns geholt haben, aber auch ein Jahr, in dem sich gezeigt hat, dass unsere Entscheidung, so schwer sie auch war, letztendlich richtig war.

Wenn Bea jetzt bei uns ist, genießen wir die Zeit viel bewusster und nehmen uns mehr Zeit für sie, als das im früheren Alltag möglich war. Mehr als zwei Tage am Stück sind allerdings trotz allem noch nicht möglich, ohne dass sich die alten Gefühle wieder einschleichen.

Bea ist gerne zu Hause bei uns und gerne zu Hause in der Wohngruppe. Sie hat kräftig zugenommen und nähert sich langsam ihrem Normalgewicht, auch von dieser Seite wurde die Entscheidung, sie in die Wohngruppe zu geben, also als richtig bestätigt.

Ob und wie sich die Besuchsfrequenz in Zukunft ändern wird, muss die Zeit zeigen, ich werde auf jeden Fall weiterhin auf meinem Blog über Beas weiteren Weg berichten.

Sebastian Willing
www.pal-blog.de